Herramientas modernas para la gestión organizacional: controles internos y gestión por procesos

Herramientas modernas para la gestión organizacional: controles internos y gestión por procesos

Julián Laski

Ⓛlibros
en red
www.librosenred.com

Dirección General: Marcelo Perazolo
Dirección de Contenidos: Ivana Basset
Diseño de cubierta: Daniela Ferrán
Diagramación de interiores: Guillermo W. Alegre

Primera edición en español - Impresión bajo demanda

© LibrosEnRed, 2009
Una marca registrada de Amertown International S.A.

ISBN: 978-1-59754-519-8

Para encargar más copias de este libro o conocer otros libros de esta colección visite www.librosenred.com

A Ximena, Marianita, Ignacio y
Francisco, por ser la razón de mi vida.
A mis padres, por todo

PRÓLOGO

Este libro trata de lo que se suele llamar "las condiciones de autorregulación" del fenómeno organizacional. Las organizaciones, entendidas en un sentido muy general, son arreglos cooperativos entre seres humanos cuya finalidad es utilizar recursos para satisfacer necesidades humanas inmediatas o mediatas. Dado que nos hemos acostumbrado a llamar *productos* (que asumen la forma de bienes o de servicios) a aquellas cosas que satisfacen nuestras necesidades, las organizaciones son arreglos para producir productos. De algunas de las condiciones necesarias para que estos arreglos no se desarreglen es de lo que se habla, desde tres perspectivas diferentes, en esta obra.

La primera tiene que ver con las tecnologías de control interno, entendidas como capacidades de las organizaciones para mantener conciencia de de dónde vienen, dónde están y para dónde parecen ir y, a partir de esto último, tomar decisiones sobre el rumbo del barco. En tal sentido, la capacidad de autorregulación es tratada en esta obra como la "consecuencia positiva" del control interno. Los paquetes instrumentales que en este libro se presentan no son técnicas de sentido común, sino herramientas de cierto grado de sofisticación, aplicables a organizaciones privadas y públicas que cuentan con, al menos, algún grado de antecedente y cultura de control. El mayor énfasis descriptivo se encontrará en la metodología que tiene su origen en el Comité de Organizaciones Auspiciarias de la Comisión Treadway, conocida como modelo "COSO". A partir de un análisis sencillo, pero exhaustivo de este modelo tomado como eje, la perspectiva tecnológica del control que se aborda de este libro considera la cuestión del control interno como la solución de compromiso entre dos fuerzas, para llamarlas de alguna manera: por una parte, los riesgos que hay que evitar (no hacer lo que se puede y quiere), por la otra, la responsabilización (*accountability*) de quienes tienen que actuar para hacer lo que se puede y quiere. La capacidad de control interno es la condición aquí descrita para que esta tensión encuentre solución en las organizaciones públicas y privadas, considerando que, con roles diferentes, ambas se hallan simultáneamente en el contexto de la política y del mercado.

La segunda perspectiva abordada en este libro es la de la legitimación de la calidad organizacional a través de certificaciones externas que presuponen, necesariamente, la calidad de los mismos controles internos que, justamente, deben asegurarla. Así, la calidad de los productos y resultados es presentada como consecuencia de la calidad de los procesos mediante los cuales estos se logran; a su vez, la calidad de estos procesos presupone la capacidad de control interno. Esta cadena causal genera mayor valor institucional cuanto más legitimada —y conocida— sea su existencia, lo cual presupone mecanismos certificatorios externos a las propias organizaciones. Dos de ellos, en particular, son tratados aquí de manera especialmente clara para el lector no especializado: el denominado "SOX" (derivado de la ley Sarbanes Oxley, sancionada en Estados Unidos en el año 2002, y las más conocidas normas ISO, en sus series 9000 y posteriores. La calidad institucional es considerada, por una parte, en términos de valor agregado reconocido a la organización en cuanto a sus procesos productos (lo que hace a la recién mencionada legitimación ante el contexto); y por otra, en cuanto a práctica y valor cultural que se cristalizan en capital institucional. Si la cuestión del control interno abordado en la primera de las perspectivas consideraba la gestión de los riesgos, es decir, los aspectos negativos, la de la calidad considera los agregados de valor, es decir, los positivos.

Estas dos primeras perspectivas con las que comienza este libro son esencialmente tecnológicas: ilustran sobre herramientas y metodologías organizacionales orientadas a minimizar perjuicios o maximizar beneficios. Una tercera perspectiva, en cambio, es conceptual: pone énfasis en el hecho de que tales cosas se materializan en los procesos de gestión o procesos de trabajo, no en los resultados ni los recursos. En efecto, los recursos, tanto humanos como materiales, son el punto de partida –o el pasado– de toda gestión, mientras que los productos y resultados lo son de llegada, es decir el futuro perseguido. Pero el presente de la gestión son los procesos: sólo allí pueden manifestare los problemas y aplicarse las soluciones. Este aserto de perogrullesca obviedad es, sin embargo, contradicho por buena parte de la literatura de gestión cuando se trata de lo público y de la producción de valor público. Se aborda en este libro de dos maneras: por una parte, en cuanto a la especificidad de la gestión pública como ámbito en el que los procesos mismos de gestión son las expresiones de la ejecución de las políticas y, por otra, desde la óptica de la universalidad de los conceptos de eficacia y eficiencia como medidas últimas de calidad de los procesos ya se trate de la gestión pública como la privada. Este tema es controversial en sí mismo y también lo es la forma en que se lo aborda aquí. El lector encontrará una propuesta de articulación de, al menos, dos dimensiones infrecuentemente consideradas de manera integral en la literatura: la gestión por procesos versus por resultados en relación al problema –común a la política pública y el manejo de lo privado–, de los logros inmediatos versus la sostenibilidad.

Las costumbres académicas nos llevan a esperar que las conclusiones con que se cierran los libros también propongan cerrar los problemas que en ellos se tratan. Este, afortunadamente, no cae en tal peligroso hábito. Más bien es un libro que expone la condición de "estado" del arte del que habla, el arte de gestionar procesos con calidad basada en saberes que los controles aportan. Todo estado de todo arte presupone necesariamente que el mismo se está creando y transformando en el mismo momento en que de él se habla y que sólo se puede, con honestidad, tratar un tema como este, el de los procesos, precisamente como un proceso y no como un producto. A mi criterio, esta aparente limitación es, al mismo tiempo, su principal valor.

Jorge Orlando Hintze

Parte i

Los modelos modernos
de control y gestión de riesgos

Capítulo i

El control interno como estrategia de aprendizaje organizacional: el Modelo COSO y sus alcances en América Latina

Introducción

La noción de "control" ha variado significativamente a lo largo de las últimas décadas, pasándose de una visión tradicional basada en verificaciones detectivas o correctivas, hacia una orientación más amplia que prioriza la necesidad de establecer sistemas preventivos de control.

Desde siempre, ha existido una sustancial diferencia en cuanto al entendimiento del concepto de control entre la cultura latina y la cultura anglosajona. Según la primera de ellas (originada principalmente en los países latinos de Europa y luego difundida hacia nuestro continente), control se asocia con "verificación o examen", contribuyendo a constatar desviaciones entre lo previsto y lo realizado. En cambio, considerando los principios de la cultura anglosajona, control significa "guía, impulso correctivo", donde subyace la idea de acción correctiva inmediata. Como puede verse, esta última posee una inclinación más positiva, puesto que involucra la noción de proactividad en un contexto que promueva la prevención, más que de juzgar hechos pasados.

Antiguamente, la noción globalmente difundida del control interno consideraba a este a partir de un enfoque eminentemente operativo-contable, donde los controles de tipo "hard" eran los únicos aceptados, y mediante los cuales se buscaba fundamentalmente verificar ex ante o ex post que se cumplieran ciertos requisitos legales o normativos de las operaciones contables de una organización. En este sentido, es relevante señalar que la literatura gerencial moderna abandona la connotación de control y la sustituye por otras de las que se deriva las nociones de retroalimentación y aprendizaje, ya que la connotación de control se asocia invariablemente a la vertiente contraria al espíritu del Marco Conceptual denominado "Informe COSO".

Como se desarrolla más adelante, el Modelo COSO fue elaborado en Estados Unidos y difundido en el año 1992, como consecuencia de los estudios e investigaciones llevadas a cabo por diversas instituciones y asociaciones profesionales en materia contable y financiera. Para ello, se creó una comisión de trabajo específica, con el objeto de consensuar un marco común de referencia en relación a los controles internos, que pudiera contribuir a evitar que tengan lugar visiones y aplicaciones diferentes de parte de quienes trabajaban con este concepto, y con el fin de ayudar, mediante la difusión de este marco conceptual, a evitar que tengan lugar fraudes financieros a gran escala a nivel mundial.

Quizás pueda considerarse que el Modelo COSO adolece de un problema semántico en cuanto a la temática que trata, ya que COSO viene a romper los esquemas de lo que siempre se consideró como "control". Probablemente se trate de un subposicionamiento del concepto de control, el cual no se vincula en el pensamiento de la gente con una herramienta que agrega valor, sino mucho más con la idea de "mal necesario".

Fundamentalmente debido a las presiones existentes como consecuencia del fracaso de los sistemas antiguos de control que no contribuyeron a evitar grandes fraudes contables y financieros, diversas organizaciones y agrupaciones de profesionales del área de Contabilidad de diferentes países elaboraron nuevos modelos basados en una visión moderna e integrada. Los enfoques más conocidos de control interno diseñados durante los últimos veinte años son los Modelos COSO, CoCo, Combined Code y Cadbury. Entre estos, el Modelo COSO (de origen estadounidense) es el que mayor difusión ha adquirido, especialmente en el continente americano.

Una de las razones más importantes que han originado una fuerte expansión del Modelo COSO reside en el hecho de que incrementa las probabilidades de que una organización se gestione de manera eficiente, proveyendo un enfoque integral y herramientas institucionales que sirven de apoyo para encarar medidas de mejora continua. A través del presente documento, se presenta una metodología sustentada en los principios de COSO que demuestra la forma en que el enfoque puede resultar sumamente beneficioso para la gestión institucional.

Es importante destacar que la metodología aquí expuesta provee una seguridad razonable (y no absoluta) en cuanto a su contribución a la mejora en la gestión organizacional. En este sentido, es posible mencionar que por un lado, los directivos de una organización que cuente con la más sólida estructura de control, pueden de todos modos tomar decisiones de negocios equivocadas que la lleven a fracasar en relación a los objetivos que se ha propuesto. Y, por otro lado, una organización puede ser altamente eficaz en lo que respecta al logro de sus metas pese a no contar con una estructura de control adecuada.

Concepto tradicional de control interno

La primera noción de control interno fue establecida por
el Instituto Americano de Contadores Públicos Certificados
(AICPA) en 1949 y a través de las modificaciones incluidas
en SAS Nro. 55 en 1978. El control interno, de acuerdo a
esta concepción tradicional, constituía una herramienta cuya
función básica era detectar si las organizaciones funcionaban
del modo en que lo deseaban sus directivos o accionistas. Esto
es, ayudaba a establecer si su patrimonio estaba protegido de
la posibilidad de que ocurriera dolo o fraude, y contribuía a
determinar si los informes financieros se correspondían con la
realidad de la situación de la organización.

Dentro de la mencionada visión tradicional de control,
los propietarios, gerentes, empleados y otras personas rela-
cionadas con la organización veían al director financiero, al
controller, o al auditor interno como aquellas personas que
poseían la responsabilidad primaria de asegurarse que los
controles internos estuvieran bien diseñados y que funcio-
naran apropiadamente. Asimismo, se consideraba a los auditores externos como principales custodios del sistema de
control interno, debido a su responsabilidad de dictaminar
acerca de los estados financieros.

Esta percepción sobre quienes son responsables del control
interno persiste hasta el día de hoy en numerosas organizaciones públicas y privadas de Latinoamérica. Especialmente
en las instituciones de gobierno, se mantiene un concepto an-
ticuado sobre la función de control y la responsabilidad de
quienes deben ejercerla; en muchas ocasiones, esto funciona
de este modo debido a que han sido estas personas las que se
han encargado de mostrarlo así.

LA NUEVA CONCEPCIÓN: UN ENFOQUE INTEGRADO

Actualmente, el concepto de control interno es mucho más amplio de lo que solía ser. Hoy en día las autoridades deben ser proactivas y tomar al control interno como una prioridad, partiendo de la adopción de una definición amplia que haga que la administración de este sea una responsabilidad de todos los empleados. El control interno debe convertirse en una parte natural de la cultura organizacional.

La contabilidad es, hoy en día, sólo un elemento más del modelo de control interno; en la actualidad, se consideran aspectos *"soft"* como riesgos o el ambiente de control, orientando los fines de la estructura de control a colaborar con el logro de la eficiencia organizacional, a la maximización de los resultados y al cumplimiento de las obligaciones y regulaciones a las que se encuentran sometidas las empresas, públicas o privadas. Todo esto, sin descuidar ni olvidar los objetivos de protección originales (controles y aspectos *"hard"*).

Los modernos conceptos de control establecen que esta es una función inherente a la gestión, integrada al funcionamiento organizacional y a la dirección institucional, y por lo tanto deja de ser una función asignada a un área específica de la organización como Contaduría o Auditoría Interna. El control, bajo esta nueva concepción, se orienta a procurar todas las condiciones necesarias para que un equipo de trabajo ponga su mejor esfuerzo en pos de lograr los resultados deseados o planificados, ya que promueve y fomenta el buen funcionamiento de la organización.

En el marco de la definición de una nueva concepción del control interno, es importante resaltar el concepto de la responsabilidad o rendición de cuentas (*accountability*), como uno de los factores clave para el gobierno o dirección corporativa de las organizaciones: en este sentido, conviene recordar que un eficiente sistema de control puede proporcionar un importante factor de tranquilidad (aunque no una seguridad absoluta), en relación a la responsabilidad de los directivos, los propietarios, los accionistas y los terceros interesados.

En términos generales, de acuerdo con la concepción moderna de control, es necesario destacar que la importancia de un eficiente sistema de control radica en que su principal propósito es detectar con oportunidad, cualquier desviación significativa en el cumplimiento de las metas y objetivos establecidos. Es decir, que del enfoque detectivo y correctivo que poseía la visión tradicional, se pasa a una idea preventiva e integral del control; de ahí, se desprende su gran utilidad como herramienta para la gestión de la organización, ya que provee a la misma de una ayuda continua en lo que respecta a trazar el camino hacia el logro de los objetivos enderezando el camino cuando aun se está a tiempo de hacerlo. En otras palabras, es necesario distinguir entre síntomas y problemas: mientras que el control correctivo "corrige" problemas, el control preventivo identifica síntomas antes de que estos lleguen a convertirse en problemas.

La definición antigua del control interno se basaba en la idea de concebir al mismo como un elemento añadido a las actividades organizacionales y, por ende, era visto como una carga inevitable dentro de cada sistema. A partir de la elaboración y difusión de los conceptos modernos, se comprende que el control interno interactúa entrelazado con las actividades propias de la gestión organizacional. Por ello, al no entenderse como una carga sino como una ayuda, resulta más efectivo en virtud de su incorporación a la estructura organizacional. Como sostiene Danilo Lugo, de la US. Inter-Affairs, las definiciones modernas de control interno son amplias por dos razones. Primero, por ser el camino para tener un acercamiento a la visión de control interno de los negocios de los dirigentes con los ejecutivos principales. De hecho, ellos a menudo hablan en términos de control y existir o vivir en control. Segundo, acomodarse a los subgrupos del control interno. Aquellos que necesitan poder concentrarse en algo separadamente, por ejemplo, controles sobre información financiera o controles relativos a acatamiento de regulaciones legales.

DEFINICIÓN DE NUEVOS ESTÁNDARES DE CONTROL BASADOS EN UN ENFOQUE INTEGRADO

Como consecuencia de la necesidad de actualizar el concepto de control interno, diversas asociaciones de profesionales contables encararon en los últimos veinte años la tarea de definir una nueva idea de control cimentada en una concepción moderna. Si bien el modelo COSO norteamericano (eje central de este capítulo) sea tal vez el que mejor agrupa y aglutina las diferentes concepciones incluidas en los demás enfoques, es importante mencionar que existen experiencias en otros países y organizaciones profesionales, que han diseñado numerosos lineamientos para un mejor gobierno corporativo.

Los más conocidos, entre estos, son los siguientes: CoCo (Canadá), del cual se especificarán sus rasgos salientes más adelante; Cadbury (Reino Unido); Vienot (Francia); Peters (Holanda); y King (Sudáfrica). Los modelos COSO y CoCo son los mayormente adoptados en toda América.

La aplicación de los nuevos enfoques de control interno ya ha sido recogida en la legislación y normativa correspondiente a los métodos de fiscalización en numerosos países de nuestro continente. Los modelos modernos de control están siendo progresivamente incluidos como base para la definición de los procedimientos de los organismos de contraloría en diversos países, por ejemplo:

- Costa Rica: a través de la Ley 8292 de Control Interno del año 2002, se establecen los criterios mínimos que deberán observar la Contraloría General de la República y los entes u órganos sujetos a su fiscalización, en el establecimiento, funcionamiento, mantenimiento, perfeccionamiento y evaluación de sus sistemas de control interno. Aunque en dicha norma no se hace mención al Modelo COSO, es claro que se toman los principios de dicho modelo para configurar las estructuras de control.

- Colombia: se ha institucionalizado la aplicación del control interno en las entidades y organismos del Estado mediante la Ley 87 de 1993; esta Ley establece los objetivos que busca la administración que se cumplan en pos del bienestar común, buscando una adecuada gestión y control ciudadano conforme a las características estudiadas y analizadas en el modelo COSO para su adecuado diseño, interpretación, implementación y evaluación.

- Argentina: el Banco Central de la República Argentina, a través de su Circular Nro. 2525 de abril de 1997 (y complementarias) determinó la estructura de control interno con la cual debían contar los bancos y entidades financieras, adoptando un esquema idéntico al establecido en el modelo COSO.

- Estados Unidos: A partir del Sarbanes-Oxley Act (año 2002) se obliga a las empresas a adoptar fuertes sistemas de control. Sarbanes Oxley ha constituido un gran avance en materia de gobierno corporativo, puesto que se trata de una ley marco que ha establecido un punto de referencia para una gran cantidad de empresas (las que están obligadas a cumplir y las que desean mejorar su sistema de control). Si bien SOX no menciona a COSO como modelo de control interno a adoptar, la relación resulta evidente. Más aun, luego de que el PCAOB (Public Companies Oversight Board) estableció que aquellas empresas que debían cumplir con SOX, debían hacerlo a través de COSO. La forma en que Sarbanes Oxley se ha convertido en un pilar del gobierno corporativo, se basa fundamentalmente en el hecho de que la conformidad con SOX requiere de la gerencia de alto rango para desarrollar e informar controles internos. Para ello, la gerencia debe revisar y analizar la información operacional en busca de irregularidades y evaluar los sistemas y controles que generan estas cifras y esta información.

- Nicaragua: las Normas Técnicas de Control Interno, elaboradas en el año 2002, basan su contenido en el informe COSO, y en la definición adoptada por Costa Rica a través de su ley.
- Honduras: elaboró su Manual de Normas Generales de Control Interno en el año 2003, y luego actualizó su normativa en el año 2009 a través de las Normas Generales de Control Interno, incluidas en el Marco Rector del Control Interno de los Recursos Públicos; dicho marco fue desarrollado en el contexto de los estándares internacionales de la conceptualización del control interno contenida en el Informe COSO, y de las Normas Internacionales de Auditoría Interna del Instituto Internacional de Auditores Internos (IIA)

Más allá de los casos puntuales antes mencionados, los países latinoamericanos han adoptado, en forma general, la definición de control interno basada en lo dispuesto por la Organización Internacional de Entidades Fiscalizadoras Superiores (INTOSAI). El INTOSAI es la organización central para la fiscalización pública exterior, a la que adhieren organismos locales tales como las Contralorías Generales de la República,

Tribunales y Cámaras de Cuentas, y ha considerado como válida (recomendando a sus miembros la implementación a nivel local) la definición de control interno de acuerdo a lo dispuesto en el marco integrado del Informe COSO.

Por otra parte, organismos financieros internacionales como el Banco Interamericano de Desarrollo, el Banco Mundial o la Comisión Europea han establecido recientemente la necesidad de utilizar la metodología COSO en auditorías o consultorías de diferentes proyectos en organizaciones públicas latinoamericanas.

A pesar de que existen numerosos países en América Latina, como el caso de México, en los que no se cuenta con un marco formal de control generalmente aceptado, ha habido esfuerzos por parte de la comunidad empresarial por adoptar COSO como modelo más difundido. En el caso puntual de México, tal como señala Jesús González Arellano del Instituto de Ejecutivos de Finanzas, se observa que muchos esfuerzos se han hecho por avanzar en la implementación de sistemas sólidos de control, como por ejemplo a través de la creación de Comités de Auditoría. Estos comités han sido creados considerando requerimientos de cumplimiento, pero no han logrado crear una dinámica eficiente en la organización que otorgue valor agregado. Cuentan con los miembros suficientes, se reúnen en los periodos marcados bajo las mejores prácticas, sus miembros cuentan con los perfiles requeridos, sin embargo, no cuentan con las herramientas suficientes para realmente vigilar el cumplimiento de los aspectos críticos del negocio.

Por lo anteriormente expuesto, puede verse que cronológicamente ha habido variaciones significativas en el concepto de control, debido a acontecimientos que han ido marcando la pauta en este sentido. En el gráfico que se presenta a continuación, puede visualizarse con mayor claridad la evolución cronológica del concepto:

Evolución reciente del Control Interno

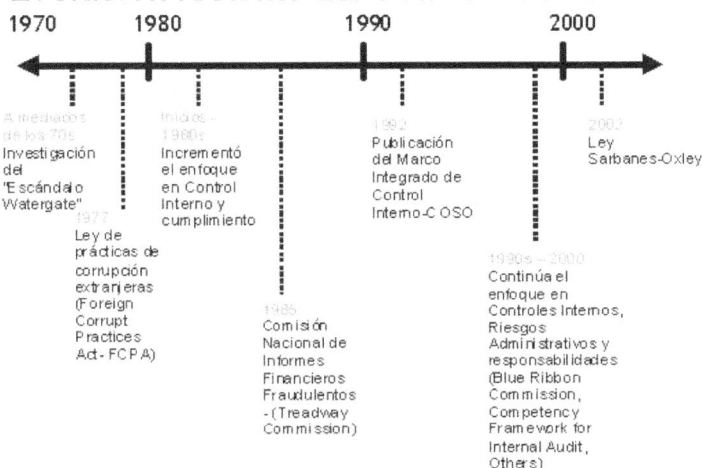

1970	1980	1990	2000

A mediados de los 70s
Investigación del "Escándalo Watergate"

1977
Ley de prácticas de corrupción extranjeras (Foreign Corrupt Practices Act- FCPA)

Inicios - 1980s
Incrementó el enfoque en Control Interno y cumplimiento

1985
Comisión Nacional de Informes Financieros Fraudulentos - (Treadway Commission)

1992
Publicación del Marco Integrado de Control Interno-COSO

2002
Ley Sarbanes-Oxley

1990s – 2000
Continúa el enfoque en Controles Internos, Riesgos Administrativos y responsabilidades (Blue Ribbon Commission, Competency Framework for Internal Audit, Others)

Es necesario destacar que, como suele ocurrir, existe una brecha entre lo que disponen las normas y la realidad. En la mayoría de los países, la legislación existe y los funcionarios o profesionales la consideran únicamente para dar cumplimiento a sus disposiciones en forma estricta, sin tener en cuenta el espíritu del enfoque ni aplicarlo en forma adecuada. El colapso del sistema bancario en Argentina hacia finales del año 2001 es una clara muestra de que, pese a que se posea en la teoría el mejor sistema o el modelo más sofisticado, su mera existencia no logra asegurar el éxito de su aplicación.

Pese a la existencia de la mencionada brecha, tanto en el sector público como en el sector privado, la tendencia muestra una marcada inclinación dirigida a entender al control interno como una herramienta de ayuda al logro de la eficiencia, abandonándose la idea tradicional del mero aseguramiento de la legalidad.

Esta nueva orientación esta relacionada con el principio de rendición de cuentas o *"accountability"*, que cada vez más se está difundiendo como resultado de la ola globalizadora. De acuerdo con la definición de rendición de cuentas surgida de la XIX Conferencia Interamericana de la Asociación Interamericana de Contabilidad que tuvo lugar en Buenos Aires (Argentina) en octubre de 1991, "rendir cuentas es responder [...] es el deber de toda persona que maneja bienes o dinero, o que ha recibido la encomienda de realizar cualquier tarea en nombre de otros, de responder sobre la forma en que cumplió sus obligaciones, incluida la información suficiente sobre su gestión. Esta obligación implica la de establecer una estructura adecuada de organización para cumplirla, la que deberá ser evaluada en su efectividad y capacidad de cumplimiento por una entidad independiente y superior".

Indudablemente, la estructura a la que hace mención la declaración antes expuesta es la estructura de control interno, basada en una concepción moderna y en un enfoque integral.

El modelo COSO: un enfoque integrado

El Informe COSO, emitido en 1992 en los Estados Unidos tras cinco años de estudios y discusiones, ha pretendido desarrollar una noción global, uniforme y homogénea de control interno que permitiera contar con una referencia conceptual común.

El nombre COSO se deriva de las siglas en el idioma inglés correspondientes al Comité de Organizaciones Auspiciarias de la Comisión Treadway, conformada en 1985 con la finalidad de identificar los factores que originaban la presentación de información financiera falsa o fraudulenta, y emitir las recomendaciones que garantizasen la máxima transparencia informativa en ese sentido.

En 1987, el Comité emitió un informe recomendando, entre otros puntos, trabajar en forma conjunta para revisar toda la literatura referente a control interno, y lograr su integración en un solo cuerpo. Dicho proceso culminó, como fue expresado, con la publicación del Informe COSO en 1992.

La Comisión Treadway fue integrada por las cinco instituciones más representativas en los Estados Unidos en materia de Contabilidad-Finanzas-Auditoría Interna:

– American Accounting Association (AAA)
– American Institute of Certified Public Accountants (AICPA)
– Financial Executive Institute
– Institute of Internal Auditors (IIA)
– Institute of Management Accountants (IMA)

Este Comité emitió un informe titulado *"Internal Control-Integrated Framework"* (informe COSO), para establecer una definición común de control interno y proveer guía en la creación y mejoramiento de la estructura de control interno de las instituciones.

El informe COSO define control interno como "un proceso, realizado por el Directorio, gerencias y demás personal, diseñado para proveer certeza razonable de que una institución pueda lograr los siguientes objetivos institucionales:

– Operaciones efectivas y eficientes.
– Producción de informes financieros (o de negocios) confiables para la toma de decisiones internas y para el uso de terceros.
– Cumplimiento con las leyes y regulaciones que le apliquen.

Además, el informe COSO divide el control interno en los siguientes cinco componentes, los cuales están relacionados con los objetivos institucionales y deben estar presentes y funcionando eficientemente:

- Entorno de control
- Evaluación de los riesgos
- Actividades de control
- Información y Comunicación
- Monitoreo

A partir de la publicación del informe COSO en septiembre de 1992 y en cuyo desarrollo, como ya fue comentado, participaron representantes de organizaciones profesionales de contadores, de ejecutivos de finanzas y de Auditores Internos, ha resurgido en forma extraordinaria la atención hacia el mejoramiento del control interno y un mejor gobierno corporativo, lo cual fue derivado de la presión pública para un mejor manejo de los recursos públicos o privados en cualquier tipo de organización (ello, ante los numerosos escándalos, crisis financieras, o fraudes, durante los años anteriores a su elaboración).

El modelo COSO, tanto con la definición de control que propone, como con la estructura de control que describe, impulsa una nueva cultura administrativa en todo tipo de organizaciones caracterizada por una filosofía que propugna valores tales como la orientación a resultados, la transparencia, la eficiencia y la búsqueda de la excelencia a través del seguimiento de las mejores prácticas. Por ello, es igualmente aplicable en una empresa privada, en un ministerio o en una ONG, ya que a través de la mencionada cultura que promueve, permite evitar eventuales crisis de legitimidad.

El enfoque COSO ha servido de plataforma para diversas definiciones y modelos de control a nivel internacional. En esencia, todos los modelos hasta ahora conocidos, persiguen los mismos propósitos y las diferentes definiciones, aunque no son idénticas, muestran mucha similitud. Quizá las diferencias más marcadas se dan en el ámbito de los supuestos, prácticas y técnicas gerenciales que los hacen operativos. En tal sentido, la aproximación aquí desarrollada bajo los principios rectores del modelo y sobre la base de las experiencias de asistencia técnica realizadas, define conceptos, herramientas y prácticas integradas de gestión.

A los efectos de comprender el Modelo COSO con mayor facilidad, se presenta a continuación un cuadro que resume el marco integrado de forma sintética:

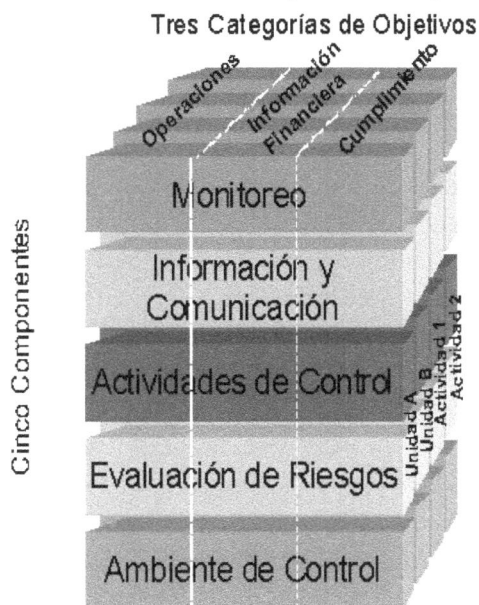

Relación entre Componentes y Objetivos

Aplicación práctica del modelo COSO – Experiencias en América Latina

Conceptualmente, el modelo COSO puede ser considerado innovador, moderno y hasta revolucionario en algunos aspectos. El problema, como en muchos casos, surge a la hora de llevar a la práctica dichos conceptos, de aplicarlos en la realidad de las organizaciones.

COSO, considerando conceptos, herramientas y prácticas gerenciales para la implementación del enfoque basada en una visión pragmática e integradora, permite considerar al control interno como una herramienta fundamental para la gestión organizacional, si se realiza una interpretación sobre la base de los siguientes principios:

- El control interno es un proceso que agrega valor a las instituciones;
- Los cinco componentes del enfoque COSO (luego detallados) permiten capturar la estructura y dinámica de la organización bajo análisis, de manera rápida y precisa;
- Un adecuado ambiente de control, una metodología de evaluación de riesgos, un sistema de elaboración y difusión de información oportuna y fiable a través de la organización y un proceso de monitoreo eficiente, apoyados en actividades de control efectivas, se constituyen en poderosas herramientas gerenciales;
- El control interno bajo un enfoque integral se constituye en un mecanismo de aprendizaje tanto para los individuos en la organización como para la organización misma, siendo esta la ventaja comparativa más grande que puede tener una institución o empresa.

Bajo esta interpretación y la metodología elaborada, el enfoque COSO puede ser utilizado en la realidad en dos líneas de acción separadas pero complementarias:

- Desarrollo de diagnósticos organizacionales – institucionales y establecimiento de planes de intervención
- Monitoreo continuo de la estructura de control interno como método de contribución a la gestión.

Diagnósticos organizacionales - institucionales

El enfoque COSO puede ser utilizado como una herramienta de diagnóstico organizacional muy potente, ya que permite a través de la revisión de los cinco componentes que configuran la metodología, abordar y analizar la realidad de la organización con una considerable celeridad y en una forma bastante precisa. Tanto en instituciones del Sector Público como del Sector Privado, experiencias prácticas demuestran que es posible analizar la situación de las organizaciones en cuanto a estructura, procesos, sistemas, procedimientos y recursos humanos mediante una visión amplia e integradora.

La utilización de la metodología para el desarrollo de diagnósticos se basa en la revisión de los cinco componentes del enfoque, mediante el esquema que se plantea a continuación:

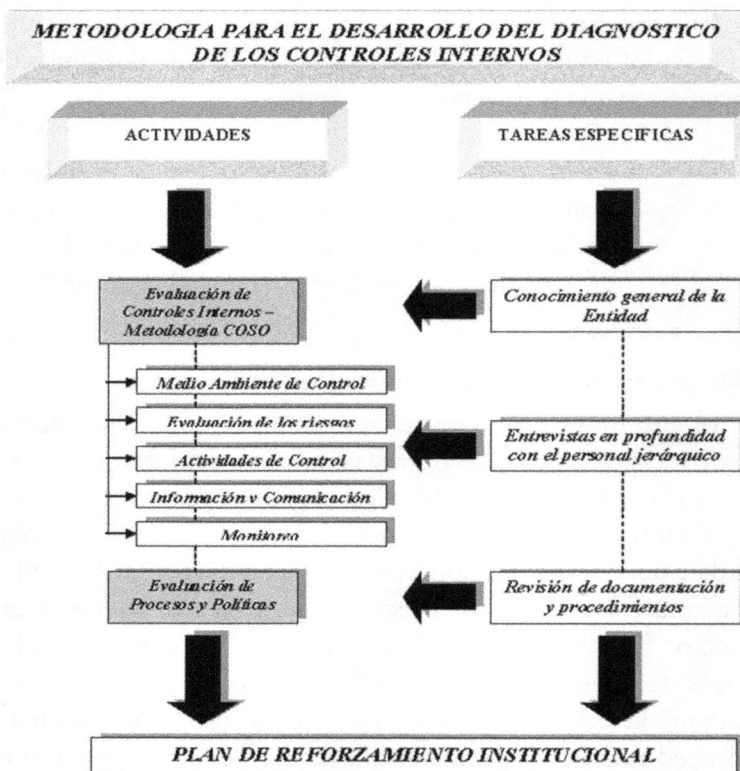

El análisis para la elaboración del diagnóstico debe realizarse a través de una revisión de los cinco componentes que integran el enfoque COSO. El abordaje de dicha revisión puede ser sintetizado del siguiente modo:

Revisión del ambiente de control

El ambiente de control establece el tono de la institución al influenciar la conciencia de control de su personal. Es el cimiento para los demás componentes de control interno proveyendo disciplina y estructura.

En el análisis efectuado en diferentes instituciones públicas y privadas, este apartado constituye un aspecto fundamental de la revisión dado que representa la base para la evaluación de la filosofía de control organizacional. Los factores considerados para este análisis son los siguientes:

- Preocupación desde el máximo nivel
- Valores éticos
- Capacitación y desarrollo profesional del personal
- Nivel de delegación – *Empowerment*
- Políticas de la organización
- Filosofía de dirección
- Integridad y capacidad de los Recursos Humanos
- Compromiso con la excelencia y la transparencia
- Estructura organizacional y de gestión
- Niveles de autoridad y responsabilidad
- Políticas y procedimientos de personal

Revisión de los riesgos

Mediante este componente, se identifica el proceso gerencial para el establecimiento de los objetivos institucionales y los riesgos asociados al logro de dichos objetivos, y se evalúa si los riesgos son manejados adecuadamente. En este apartado se consideran las siguientes categorías de objetivos:

- Objetivos operacionales
- Objetivos de informes financieros
- Objetivos de cumplimiento

Algunos de los factores determinantes que se toman en cuenta para la evaluación de este componente son los que se enumeran a continuación:

– Políticas y Procedimientos
– Aprobaciones y autorizaciones
– Conciliaciones y Verificaciones
– Seguridad de Activos
– Segregación de funciones

Es importante destacar que en el año 2002, la Comisión Treadway publicó a efectos de revisión y discusión un nuevo enfoque (modelo COSO – *Enterprise Risk Management* o ERM), que no trata sobre control interno sino que lo complementa. Dicho modelo, basado en la intervención sobre la administración de riesgos en la organización, amplia el alcance de COSO, enfatizando la importancia de los aspectos estratégicos y expandiendo el espectro del enfoque mediante la incorporación de nuevos conceptos a ser revisados.

En lo que respecta al análisis de riesgos, a partir de la difusión de este modelo, el mismo se efectúa revisando los siguientes aspectos:

– Identificación de eventos
– Valoración de riesgos
– Respuesta al riesgo

Revisión de las actividades de control

El análisis de las Actividades de control es utilizado para comprobar o verificar mediante pruebas selectivas que las principales observaciones detectadas como consecuencia del análisis de los demás componentes son correctas. Dichas pruebas son efectuadas comprendiendo:

– Proceso de pagos, compras, ventas, cobranzas, recepción y almacenamiento

- Método para la elaboración y presentación de reportes
- Conciliaciones bancarias y análisis de otras cuentas
- Autorizaciones
- Verificación de las auditorías internas
- Sistemas computarizados administrativo financieros
- Manejo de los archivos y correspondencia
- Otros trámites administrativos

Revisión de la información y comunicación

A partir del análisis de este componente, se revisa la forma en que las áreas operativas, administrativas y financieras de la organización identifican, capturan e intercambian información de una forma y en un período de tiempo que le permita al personal llevar a cabo sus responsabilidades.

En este apartado se considera lo siguiente:

- La integración de la información con las operaciones y calidad de la información. Con relación a la calidad de la información, se analiza si esta es apropiada, oportuna, corriente, fiable y accesible;
- Comunicación de la información institucional (comunicación interna, externa, y tipos de comunicación).

Algunos de los factores determinantes para la evaluación de la información y comunicación son:

- Si el Sistema de Información implementado, brinda información operativa, financiera y administrativo – contable.
- El establecimiento de una comunicación eficaz y multidireccional
- La disposición de información útil para la toma de decisiones

Revisión de los procesos de monitoreo

Comprende el análisis de los procesos utilizados en las organizaciones para determinar, supervisar o medir la calidad del desempeño de la estructura de control interno a través del tiempo.
En este apartado se considera lo siguiente:

- Actividades de monitoreo durante el curso ordinario de las operaciones de la entidad
- Evaluaciones separadas (alcance y frecuencia, quién evalúa, proceso de evaluación, metodología, documentación, plan de acción)
- Condiciones reportables (fuentes de la información, qué debe ser reportado, a quién se reporta, directrices para condiciones reportables)
- Rol asumido por cada miembro de la organización en los niveles de control

Conclusiones y recomendaciones – Plan de Transformación o Modernización

Una vez efectuado el diagnóstico de los controles internos tras las revisiones efectuadas según los descrito en los párrafos precedentes, es posible desarrollar matrices de fortalezas, debilidades y necesidades u oportunidades de mejora, y elaborar una serie de recomendaciones para la mejora de la gestión organizacional incluyendo un plan de acción para su ejecución, con tareas, responsabilidades y tiempos de ejecución.

Monitoreo continuo de la estructura de control interno como método de contribución a la gestión.

Así como los diagnósticos son ejecutados en momentos puntuales para analizar la situación en un momento determinado, el modelo COSO también puede ser utilizado, a través de una interpretación metodológica, para evaluar los controles desde un punto de vista amplio (involucrando a toda la gestión organizacional), en forma continua.

El monitoreo de la estructura de control interno puede ser llevado a cabo como forma de supervisar el cumplimiento de las medidas de mejora recomendadas anteriormente. Este componente es indispensable en el caso que se diseñe un Plan de Transformación, debido a que si, por ejemplo, no se verifica que se estén cumpliendo los lineamientos del Plan estratégico, o si no se miden indicadores en forma periódica o sistemática, el hecho de contar con las medidas de mejora por sí solas resulta insuficiente.

El proceso de revisión hace hincapié en dar seguimiento a recomendaciones efectuadas a través de informes anteriores de monitoreo, delineando planes de acción operativos para el próximo período (identificando responsables y tiempos). De este modo, se logra configurar un esquema sencillo, basado en una herramienta moderna como COSO, que ayuda al éxito de la gestión.

EXPERIENCIAS CONCRETAS QUE SUSTENTAN LA HIPÓTESIS

A los efectos de clarificar la forma en que COSO puede constituirse en una herramienta gerencial, se presentan a continuación casos concretos en los que este marco integrado ha podido contribuir a mejorar la gestión de las organizaciones. Los casos se presentan analizando la aplicación de COSO en cada uno de los cinco componentes antes presentados, y divididos en dos partes: utilización en el sector público y en el sector privado.

Sector público

Ambiente de control: entidad centralizada de gobierno de Puerto Rico

En una entidad del gobierno central puertorriqueño creada con el fin de prestar servicios a una entidad gubernamental mayor, se llevó a cabo un diagnóstico organizacional utilizando la metodología COSO. A través de dicho análisis, se detectó que la institución llevaba a cabo sus procesos en forma rutinaria y medianamente eficaz pero reactiva, sin efectuarse planes de ningún tipo (ni estratégicos, ni operacionales) y sin calcularse o elaborarse indicadores que permitieran conocer si los servicios contaban con la calidad requerida, o el tiempo promedio de demora de la prestación de servicios. Como consecuencia de ello, se propuso (y se llevó a cabo) el diseño de un Plan Estratégico de 5 años y Planes Operativos Anuales por área, diseñando una serie de indicadores de calidad y eficacia. Como consecuencia del trabajo realizado, esta entidad comenzó a desarrollar sus actividades conociendo el rumbo al cual se dirigía y controlando que la gestión organizacional se dirigiera en ese sentido.

Información y comunicación: Secretaría de Estado de la República Dominicana

El almacén de suministros de una Secretaría de Estado de la República Dominicana contaba con un sistema de información instalado que presentaba fallas recurrentes en su funcionamiento, ya que no registraba determinados movimientos como salidas internas y transferencias. Por ese motivo, los empleados del almacén optaban por emitir y enviar al Director de Administración y Finanzas los reportes generados por el sistema, en conjunto con una hoja de trámite escrita a mano en la cual se detallaba el stock físico real (que, por supuesto, difería significativamente del informe emitido por el sistema). La falla en la herramienta informática generaba una importante falla de control y perjudicaba seriamente la toma de decisiones adecuada: si la información no era fiable, al Director de Administración y Finanzas se le complicaba, entre otras cosas, tomar la decisión de efectuar adquisiciones para reponer las existencias, o planificar sus necesidades de aprovisionamiento. Pese a que la recomendación que se efectuó aplicando COSO como consecuencia de esta observación era obvia y lógica (revisar el sistema o adquirir uno nuevo), los empleados del almacén nunca se lo habían planteado por la falta de control existente en la Secretaría.

Monitoreo: empresa pública de Puerto Rico

Utilizando COSO, se efectuó un diagnóstico de controles internos en una corporación pública puertorriqueña de gran envergadura. Durante el análisis, se observó que la entidad contaba con una Unidad de Auditoría Interna correctamente conformada, con auditores capacitados y bien entrenados que efectuaban revisiones puntuales de actividades de control (de acuerdo a la visión tradicional de control interno), en forma trimestral. Pese a que las auditorías poseían un nivel de calidad considerable y se señalaban importantes aspectos en los informes presentados, se detectó que las recomendaciones emanadas de dichos reportes no eran consideradas: los destinatarios de los informes los guardaban, considerando que una vez emitido el reporte el trabajo ya estaba hecho. La recomendación efectuada por el equipo consultor consistió en establecer un sistema de seguimiento de las observaciones o señalamientos de los auditores, identificando responsables y plazos para su cumplimiento y consideración.

Sector privado

Evaluación de los riesgos: empresa constructora argentino-boliviana

Como consecuencia del análisis de los controles internos efectuado en una empresa constructora mediana de capitales argentinos y bolivianos, se identificó la siguiente situación: la empresa estaba construyendo una obra en una pequeñísima localidad del interior de Argentina habitada en su mayoría por aborígenes (que eran quienes trabajaban como albañiles en las obras), distante a 400 kilómetros de la ciudad más cercana y de la sucursal de un banco más cercana. Por ello, la empresa debía pagar los salarios de los trabajadores en efectivo, trasladando 400 kilómetros el dinero en un automóvil particular cada quince días. A través de la revisión utilizando la metodología COSO, se determinó que la empresa no había identificado un riesgo considerable, y se recomendó contratar un servicio de transporte de dinero en lugar de llevarlo directamente un pagador o tesorero.

Actividades de control: empresa proveedora de servicios uruguaya

Efectuando el análisis según el enfoque COSO de las actividades de control implementadas por una empresa proveedora de servicios informáticos en Montevideo, Uruguay, se observó que al pagar una factura, no se colocaba un sello que tuviera impreso el concepto "pagado" a dicho comprobante, sino que solamente se adjuntaba el mismo a la Orden de Pago. Ello configuraba una seria deficiencia de control, ya que de ese modo se corría el riesgo de abonar la misma factura en dos oportunidades (lo cual, por otra parte, ya había sucedido una vez). Por lo tanto, se recomendó a la gerencia colocar dicho sello a todos los justificantes de pago, además de registrar adecuadamente y en forma oportuna cada erogación.

A través de estos ejemplos reales, se puede entender la forma en que COSO, como objeto de estudio del presente trabajo, no debe quedarse sólo en un concepto abstracto o académico. COSO es un marco integrado que afecta e influye directa y concretamente en las organizaciones, viniendo a completar un espacio vacío que quedaba al considerar al control bajo la concepción antigua. Los casos antes citados refuerzan la hipótesis central del trabajo, puesto que demuestran que COSO es una herramienta gerencial que, aplicada bajo una metodología de trabajo definida, contribuye a mejorar la gestión de las organizaciones, tanto públicas como privadas.

FACTORES CRÍTICOS DE ÉXITO

Es importante destacar que en cualquiera de las utilizaciones que se hagan del Informe COSO de las aquí planteadas, se requiere el apoyo explícito, permanente y firme de la Dirección. Dado que según la propia definición tomada por COSO el control interno es un proceso cuya responsabilidad máxima está asignada a los niveles directivos, la aplicación exitosa depende en gran medida del mencionado apoyo. Las organizaciones latinoamericanas están acostumbradas a estructuras verticales donde la autoridad máxima tiene un poder casi supremo, por lo que las decisiones emanadas de los órganos de mayor jerarquía poseen un peso específico muy elevado. Un soporte relativo o parcial de la Dirección, entonces, lleva a este tipo de proyectos al fracaso antes de comenzar a ejecutarlos.

Por otro lado, es importante resaltar y considerar la importancia fundamental de los factores humanos involucrados. Estudios recientes[1] señalan que aproximadamente un 90% de

---

1 Entre ellos, un estudio de Peter Senge sobre la danza de los cambios, acerca de proyectos de reingeniería y otros similares.

los proyectos de cambio que fracasan, lo hacen debido a que los factores humanos no han sido tenidos en cuenta en forma adecuada. Por ello, es necesario un enfoque estructurado y disciplinado que:

- Logre mejoras significativas y medibles: las mejoras que se producen como consecuencia de los proyectos de transformación deben ser susceptibles de ser valorizadas y determinar de ese modo un impacto importante.
- Promueva el involucramiento del personal en el proceso de cambio: está comprobado que la única forma de lograr que la gente se identifique con los procesos de cambio, es formando parte de los mismos en forma activa. Desde el máximo directivo hasta el nivel más bajo del escalafón jerárquico deben tener algún tipo de participación en el cambio.
- Informe al personal sobre los objetivos y resultados del proyecto: del mismo modo, es necesario mantener abiertos canales de comunicación tanto horizontales como verticales en forma constante, informando la evolución del proceso de cambio en forma clara e inequívoca.
- Desarrolle un plan de transición para gestionar el aspecto humano: considerando que los cambios no siempre son sencillos de asimilar, se debe tener en cuenta que se requiere un proceso de adaptación al cambio ordenado y sistematizado que reconforte al personal de la organización
- Fomente el trabajo en equipo y la apropiación del proyecto a los empleados: se consiguen mejores resultados si se trabaja en equipo, ya que se promueve el aprendizaje organizacional.

Otras corrientes de pensamiento

A pesar de la orientación y la interpretación desarrollada en el presente trabajo acerca de la manera en que COSO puede ayudar a mejorar la gestión de las organizaciones, es importante destacar que existen otras corrientes de pensamiento diferentes. De hecho, existen especialistas o incluso organismos de control que siguen considerando al control interno como una parte más del proceso de auditoría, sin tener en cuenta su valor como herramienta gerencial. Tal es la situación de los casos presentados en la aplicación de COSO en organismos de contralor, como el Banco Central de la República Argentina o de la OGP de Puerto Rico; en estas circunstancias, COSO es un requisito más que se debe cumplir, una obligación legal más que un instrumento que agregue algo a la organización. Sin embargo, en otros casos de aplicación obligatoria, como la Ley Sarbanes Oxley (basada en COSO), se apunta más a fortalecer en forma real y concreta la estructura de control organizacional, fomentando el involucramiento de la gerencia top en el patrocinio del control interno.

Rasgos comunes

Como consecuencia de las experiencias prácticas en la implementación del enfoque COSO en las organizaciones latinoamericanas, se han identificado ciertos rasgos o patrones comunes derivados de los análisis. A continuación, se presentan algunos de esos rasgos comunes, diferenciados según se trate de organizaciones del Sector Público o del Sector Privado.

Sector Público

A través de la aplicación de la metodología COSO, se han identificado los siguientes patrones comunes en relación a la estructura de control interno:

- Filosofía de gestión excesivamente vertical, contaminada de patologías burocráticas y clientelistas.
- Contraste entre algunos funcionarios capacitados y empleados desinteresados en adquirir nuevas habilidades.
- Falta de un Código de Ética o desconocimiento de los empleados de su existencia por no haber sido adecuadamente difundido;
- Falta de definición clara de metas, planes, objetivos, responsabilidades, y un proceso de seguimiento, evaluación, y corrección y retroalimentación.
- No se elabora información financiera fiable y oportuna.
- Alta rotación del personal, especialmente en funciones clave debido a que se trata de puestos de confianza (no de carrera). En contraste, los empleados de carrera se mantienen muchos años, con la consecuente ventaja de favorecer la memoria institucional.
- Inexistencia de un cuerpo normativo actualizado, homogéneo y adecuadamente difundido (Manuales, Reglamentos y Procedimientos operativos), o desconocimiento de sus disposiciones (en caso de existir) por parte del personal. Muchas veces los manuales contienen disposiciones y procedimientos de control específicos que finalmente no se cumplen.
- Falta de actualización del organigrama o, si el mismo se encuentra actualizado, dado que generalmente los Manuales y Procedimientos contienen disposiciones que no se cumplen, no puede afirmarse que el organigrama responda a la división de tareas y actividades derivadas de los Manuales.

- Inexistencia de un Manual u hojas individuales de deberes en las que se especifiquen las funciones de los Puestos de Trabajo, o se identifiquen las funciones y objetivos de cada uno de los integrantes de cada área en particular
- El presupuesto de las instituciones está elaborado con una apertura o desagregación máxima equivalente a objeto de gasto (Nóminas, Servicios Profesionales, Gastos de Oficina, Alquileres, Materiales, etc.) que no permite identificar la asignación de fondos por área funcional ni la identificación de responsables.
- Existen casos en los que se comprometen fondos sin consultarse previamente si existen fondos disponibles para financiar los pagos correspondientes.
- No existe un mecanismo establecido para identificar, tanto a nivel global como de cada una de las áreas, los riesgos que pueden impactar en el cumplimiento de los objetivos, de manera clara y precisa.
- Cumplimiento de actividades de control más por el hecho de cumplir con la legalidad, que por la búsqueda de la eficiencia en la gestión. Debe destacarse que generalmente hay un gran celo por verificar que se cumplan todos los pasos relativos al control de documentación o procedimientos.
- Registros manuales o débilmente automatizados.
- Sistemas informáticos de alto costo subutilizados o adquiridos por las instituciones sin considerar los requerimientos funcionales de la organización.
- Inexistencia de una cultura generalizada de supervisión o monitoreo, ni una preocupación por realizar un seguimiento continuo de la gestión.
- Funciones de auditoría interna enfocadas más en la revisión de la legalidad del gasto que en supervisar la eficiencia en la gestión.

A través de lo expuesto, puede concluirse que los procesos de control interno en las instituciones públicas están enfocados casi exclusivamente en las actividades de control, que es el basamento fundamental de la visión antigua o tradicional del control interno.

Sector Privado

El Sector Privado latinoamericano ha estado, desde siempre, mucho más avanzado en técnicas de gestión respecto de lo que sucede en el Sector Público. En las empresas, los rasgos comunes hallados son:

- Existencia de grandes volúmenes de planes, presupuestos y planificaciones, pero con un nivel muchas veces deficiente de seguimiento.
- No existen nociones de ética generalmente difundidas entre los empleados.
- En las filiales latinoamericanas de empresas de capitales extranjeros, es muy común que se cumplan numerosos procedimientos de control fundamentalmente para cumplir con exigencias de la Casa Matriz, más que por convencimiento de la real utilidad de dichos procedimientos.
- Falta de actualización o difusión adecuada de manuales y procedimientos.
- Si bien se suelen manejar considerables datos, generalmente se considera que la información es responsabilidad únicamente del área de Finanzas.
- No existe una adecuada cultura de evaluación de riesgos. Muchas veces se considera que se trata de algo necesario únicamente para empresas vinculadas al sector financiero o donde el riesgo es algo mucho más explícito.
- Importante nivel de cumplimiento de actividades de control por requerimientos de auditoría interna y externa.

- Aun existen manejos excesivamente burocráticos y escasos niveles de comunicación transversal.
- La capacitación del personal generalmente es decidida y planificada en forma autónoma por la Gerencia de Recursos Humanos, desatendiendo las necesidades reales de entrenamiento del personal de las diferentes áreas.
- Inexistencia de planes de carrera para el personal, especialmente en Pequeñas y Medianas Empresas.
- Sistemas informáticos que elaboran excesiva información debido a su alto nivel de complejidad, pero que no ayudan a seleccionar los datos que son realmente relevantes.
- La función de control parece circunscrita únicamente al *controller* y a Auditoría Interna y Externa.
- La función de Auditoría Interna tiene un rol más detectivo que preventivo.
- Se consideran las observaciones de los auditores más por el hecho de que no sean señaladas en próximas auditorías, que por el real convencimiento de su importancia.

Como se desprende de lo expuesto, en el Sector Privado el grado de avance de la estructura de control interno es más avanzado que en el Sector Público, sin perjuicio de lo cual aun no se encuentra arraigada la idea del control interno como proceso continuo cuya responsabilidad es de toda la organización, de todos los empleados. Hoy en día, el control interno es todavía considerado más como una carga que hay que soportar y sobrellevar, que como un elemento que añada valor a la gestión empresarial. Conceptos como autocontrol o *control self assessment* son demasiado incipientes y se llevan a cabo en muy pocas empresas latinoamericanas.

Conclusiones

A través de lo expuesto en el presente capítulo, se puede ver que el enfoque COSO puede ser utilizado, a través de una metodología de trabajo diseñada a tal efecto, como una poderosa herramienta de ayuda a la gestión organizacional. Independientemente de si se trata de una empresa privada, un organismo público, una ONG o un programa social, una adecuada estructura de control basada en una concepción amplia, moderna e integral del control interno contribuye estratégica y operativamente al logro de los objetivos organizacionales. Es importante señalar que esta metodología puede adaptarse y ajustarse a distintos contextos institucionales y organizacionales.

El enfoque COSO y sus versiones similares elaboradas en otros países, tienden a convertirse en estándares en lo que respecta a la visión del control interno como herramienta gerencial. De continuar difundiéndose estos conceptos como ha sucedido hasta el momento, COSO se irá convirtiendo en forma paulatina en una norma global referida a control interno asimilable a lo que significa la norma ISO 9000 para temas de calidad. Para explicar la similitud entre ambos marcos conceptuales, es importante destacar que la conformidad con las normas ISO contribuye, en alguna medida, con los cinco componentes de COSO. Por citar algunos ejemplos, la ISO 9001 enfatiza la importancia del entendimiento claro, la comunicación con el cliente y los requerimientos reguladores, y de asegurarse de que esta información sea compartida entre todos los que están involucrados en el cumplimiento de estos requerimientos. La ISO 9001 también enfatiza la supervisión del producto, de los procesos y de los controles del ambiente. La evaluación de riesgos es un factor tanto para el cumplimiento de la ISO 9001 como de la ISO 14001. Para la ISO 9001, la planificación del sistema de calidad y los productos que produce necesariamente incluye la evaluación de riesgos. Para la ISO 14001, una organización debe identificar específicamente los aspectos del ambiente y minimizar de manera proactiva los riesgos potenciales. Además, el ambiente de control se ve afectado directamente por las normas ISO. Aunque la característica común más obvia entre COSO e ISO es el alcance de la responsabilidad y de la participación de la gerencia. Ambas requieren la participación activa de la gerencia top en los sistemas y procedimientos de sus firmas.

Es importante mencionar el hecho de que, como subraya la definición de control interno incluida en el Informe COSO, el control interno puede dar un grado de seguridad razonable pero no absoluta del logro de los objetivos planteados a los gerentes o directores. Es decir, que constituye un instrumento de sumo valor, aunque su utilización no posibilita asegurar con total certeza que se conseguirán las metas previstas. Las decisiones de negocios son potestad de los directivos de la organización, y la adecuación de dichas decisiones al contexto de la institución o empresa no dependen de la estructura de control con que cuente dicha entidad.

Otro aspecto sustancial que debe remarcarse, es que para la aplicación práctica de la metodología se requiere un compromiso organizacional total, especialmente del más alto nivel jerárquico de la entidad. La implementación de COSO generalmente deriva en proyectos de cambio, y resulta muy complicado llevar a cabo acciones de mejora sin la voluntad expresa y manifiesta de los directivos de las organizaciones.

Si bien el Informe COSO parte de un concepto (el control interno) que tradicionalmente se asociaba con aspectos "*hard*" relacionados con los sistemas de verificación y fiscalización, su concepción moderna lleva a que dicho concepto tenga un alcance mucho más amplio, donde la información financiera (o de negocios) y la gestión contable juegan un papel preponderante, y los profesionales de la contabilidad pueden actuar como gerentes emprendedores, al ser facilitadores de la mejora en los procesos de las organizaciones.

COSO atiende las necesidades gerenciales fundamentales, entrelazando las actividades operativas como un "proceso" cuya efectividad se acrecienta al incorporarse a la infraestructura de cada entidad. De esta manera, sirve como instrumento que procura lograr valores de calidad para la mejora de la gestión; alcanzar de mejor manera la satisfacción del cliente (tanto externo como interno) o beneficiario del accionar de la organización; orientar a la entidad hacia un proceso de mejora continua.

En síntesis, se puede afirmar que el enfoque COSO no sólo es factible de ser aplicado en la realidad, sino que constituye una herramienta de ayuda a la gestión que puede adquirir gran relevancia si se utiliza adecuadamente, y que puede contribuir a llevar a cabo proyectos de transformación organizacional.

BIBLIOGRAFÍA

COMMITTEE OF SPONSORING ORGANIZATIONS OF THE TREADWAY COMMISSION, "Enterprise Risk Management – Integrated Framework", Página del Committee of Sponsoring Organizations of the Treadway Commission, http://www.coso.org/documents/COSO_ERM_ExecutiveSummary.pdf, Septiembre de 2004

CONTRALORIA GENERAL DE LA REPUBLICA DE NICARAGUA, "Normas Técnicas de Control Interno", Managua, 2003

COOPERS & LYBRAND, "Los nuevos conceptos del control interno (Informe COSO)", Madrid, Díaz de Santos, 1997

GONZALEZ ARELLANO, Jesús, "Tras el Control Interno", *Revista del Instituto Mexicano de Ejecutivos en Finanzas*, Nro. 23, México, 2005

TOLEDO CARTES, Juan Eduardo,"El control interno de la administración: modernización de los sistemas como una emergencia", Página del VIII Congreso Internacional del CLAD sobre la Reforma del Estado y de la Administración Pública, 2003

TRIBUNAL SUPERIOR DE CUENTAS DE HONDURAS, "Marco Rector del Sistema de Control Interno", Tegucigalpa, 2009

ZARLENGA, Carlos D. "Introducción al Informe COSO", *Boletín del Comité de Normas del Instituto de Auditores Internos de Argentina*, Buenos Aires, Argentina, agosto de 2003

Capítulo 2

Gestión de los riesgos
el error de focalizarse únicamente
en aspectos negativos

Como fue mencionado en el capítulo anterior, el Informe CO-SO sienta las bases para el desarrollo de los modelos de gestión de riesgos. Una vez que la Comisión Treadway difundió en 1992 su Marco Integrado de control interno, el siguiente paso de investigadores, catedráticos y profesionales en la materia consistió en profundizar el análisis de la gestión de los riesgos, con el fin de considerar aquellos aspectos que pudieran afectar el logro de los objetivos en forma eficaz y eficiente – uno de los postulados fundamentales del Informe COSO. Entre 1995 y 2004, especialmente, se procuró indagar más a fondo en el tema de los riesgos, a punto tal que, por ejemplo, fue considerado como un elemento esencial por las firmas auditoras para establecer sus enfoques de revisión de los estados financieros, y tuvo como punto clave la sanción de normas por parte del Comité de Basilea (de aplicación para las instituciones financieras), en el modelo conocido como Basilea II, que establece la necesidad de los bancos de gestionar sus riesgos operacionales como base para la alocación de capital a su negocio.

Hoy en día, es muy común escuchar y leer en diversos medios, tanto artículos como notas, publicaciones, opiniones y hasta experiencias sobre la gestión de los riesgos en las organizaciones. A tal punto sucede ello, que el tratamiento de los riesgos parece haberse convertido en una moda en el ámbito profesional. Sin embargo, el enfoque y análisis que predomina en la actualidad es en la mayoría de los casos parcial, y se enfoca exclusivamente en una parte – no menor, por cierto -, de la gestión de los riesgos: el énfasis parece puesto fundamentalmente en los eventos negativos, que pueden afectar de modo perjudicial al logro de los objetivos institucionales.

Es cierto que modelos como COSO – ERM, publicado en el año 2004, definen a la gestión de riesgos como un proceso "designado para identificar potenciales acontecimientos que pueden afectar a la entidad", y que el término "afectar" posee específicamente una connotación negativa. Y es también real, que la mayoría de las organizaciones que de alguna manera han adoptado un sistema de evaluación de riesgos, se han focalizado hacia los impactos negativos que un evento determinado puede tener y que puede impedir el logro de los objetivos y metas de la manera en que han sido planteados. Sin embargo, existe un campo de investigación poco explorado y hasta superficialmente abordado: el tratamiento de los denominados "riesgos positivos".

Prestigiosas publicaciones como la "Guía de los Fundamentos de la Dirección de Proyectos (Guía del PMBOK®)", define al riesgo como un evento o condición incierta que, si se produce, tiene un efecto positivo o negativo, sobre al menos un objetivo, incluyendo tiempo, coste, alcance o calidad.

De este modo, la gestión de los riesgos no sólo tiene como objetivo la disminución de la probabilidad y el impacto de un suceso que pueda afectar en forma negativa, sino también, lo cual es muy importante, el aumento de la probabilidad y el impacto de los eventos positivos. Resulta casi curiosa la asociación de los riesgos como un término relacionado con una cuestión que puede ser ventajosa o favorable; sin embargo, es fácilmente demostrable esta connotación positiva de los riesgos. Tomemos un caso concreto, relacionado con las finanzas: para una empresa cuyos ingresos se realicen en moneda local y tenga una deuda en moneda extranjera, la posibilidad de que se produzca una devaluación de la moneda del país en relación al dólar u otra divisa de referencia sería considerada, sin dudas, como un riesgo negativo, algo que puede acontecer y tener un efecto perjudicial. Pero, ¿qué diríamos en el caso contrario? ¿Qué pasa si la empresa únicamente exporta su mercadería (vende en dólares) y está endeudada en moneda local? Necesitaría menos ingresos para pagar su deuda… De esta manera, en este segundo caso, la posibilidad de que se devalúe la moneda local se convierte en un riesgo positivo.

Todo riesgo, sea cual fuere, contiene dos aspectos esenciales: la no certeza o probabilidad (puesto que no hay seguridad de la ocurrencia del evento), y las posibles consecuencias. Este último aspecto, generalmente se relaciona con la probabilidad de que se produzca una pérdida; sin embargo, como hemos visto, este impacto también puede resultar positivo. En una construcción de un edificio, la posibilidad de que una fuerte tormenta azote la zona de obra sería considerada para el propietario como un evento cuyas consecuencias serían negativas; el mismo factor, para el proveedor de materiales de esa obra, podría ser un riesgo positivo que conlleve a un incremento de sus ventas.

Una vez que aceptamos este doble significado del concepto de riesgo, es necesario analizar de qué manera se puede diferenciar a los riesgos positivos de los negativos, de acuerdo a su tratamiento o respuesta. Un evento cuyos posibles efectos sean de carácter negativo, deberá tener como acción alguna de las siguientes estrategias:

- Evitar el riesgo –si se planificó realizar una inversión y el contexto económico mundial presenta incertidumbre, conviene postergar o aplazar el proyecto respectivo.

- Transferir el riesgo –la contratación de una póliza de seguros, o la tercerización (outsourcing) de una tarea a un tercero mejor calificado, son ejemplos de transferencia de riesgos.
- Mitigar el riesgo –reducir la probabilidad y / o el impacto de un evento de riesgo adverso a un umbral aceptable, a través de la adopción de procesos menos complejos, la realización de más pruebas antes de liberar un producto, o la selección de un proveedor más estable.

A diferencia de las estrategias antes mencionadas, los riesgos positivos requieren ser tratados como oportunidades. De esta manera, las posibles formas de abordarlos son las enunciadas a continuación:

- Explotar –asegurarse que la oportunidad se haga realidad, por ejemplo, a través de la asignación de recursos más talentosos a una tarea para reducir tiempos o incrementar la calidad de los trabajos.
- Compartir –asignar la propiedad a un tercero que está mejor capacitado para capturar la oportunidad positiva, por ejemplo, organizar un joint venture o una unión transitoria de empresas para llevar a cabo un proyecto determinado, logrando sinergias entre los integrantes.
- Mejorar –aumentar la probabilidad y/o los impactos positivos, e identificando y maximizando las fuerzas impulsoras clave de estos riesgos de impacto positivo. Por ejemplo, la realización de acciones de marketing o de lobby son maneras de mejorar la posibilidad de ocurrencia de un evento.

Más allá de lo antes expresado, existe una acción que puede tomarse ante los riesgos, que involucra tanto a eventos positivos como a los negativos: la aceptación del riesgo. Debido a que difícilmente pueda eliminarse de todo el riesgo entendido en forma genérica, y considerando que existen ocasiones en las que la respuesta al riesgo puede tener un beneficio inferior al costo de la estrategia escogida, siempre existe la posibilidad de aceptar la probabilidad y el posible impacto del evento. Esta aceptación puede tener lugar en forma activa o pasiva; por ejemplo, se puede decidir asignar un presupuesto para posibles contingencias (aceptación activa), o puede tomarse el camino de esperar que el evento ocurra y, en ese momento, hacer frente a la oportunidad o al problema específico.

En definitiva, como se desprende de los párrafos precedentes, la gestión de los riesgos no debería enfocarse exclusivamente en aspectos negativos o cuyo impacto pueda afectar en forma adversa a la posibilidad de que una organización alcance sus objetivos. Por el contrario, el adecuado abordaje de los riesgos positivos puede contribuir a que una empresa incremente sus chances de éxito, aumentando de esta forma el valor de los accionistas. Tal como fue desarrollado, un riesgo positivo no es ni más ni menos que una oportunidad y, como tal, es responsabilidad de los directivos su aprovechamiento y enriquecimiento. La administración de los riesgos, de acuerdo a un enfoque moderno, debe considerar la posibilidad de que se produzcan los dos tipos de acontecimientos en la organización.

Independientemente del tipo de riesgo del que se trate, de la respuesta que se seleccione y de la manera en que se le brinde tratamiento a cada caso, hoy en día resulta indispensable que las empresas implementen estrategias tendientes a optimizar sus niveles de exposición del riesgo.

Considerando la imposibilidad de asegurar la eliminación o la explotación del riesgo (según se trate de eventos negativos o positivos, respectivamente), la obligación consiste en adoptar medidas direccionadas hacia la maximización de las oportunidades y la minimización de las pérdidas. Esa es, en esencia, la finalidad de una adecuada gestión de los riesgos.

Bibliografía

CASAL, Armando Miguel, "Controles internos y riesgos. Informes COSO", *Profesional & Empresaria (D&G)*, Buenos Aires, Num. 111, 2008.

COMMITTEE OF SPONSORING ORGANIZATIONS OF THE TREADWAY COMMISSION, "Enterprise Risk Management – Integrated Framework", Página del Committee of Sponsoring Organizations of the Treadway Commission, http://www.coso.org/documents/COSO_ERM_ExecutiveSummary.pdf , Septiembre de 2004

COOPERS & LYBRAND, "Los nuevos conceptos del control interno (Informe COSO)", Madrid, Díaz de Santos, 1997

INSTITUTO ARGENTINO DE NORMALIZACIÓN Y CERTIFICACIÓN (IRAM), "Norma IRAM 17550 - Sistemas de gestión de riesgos. Requisitos", Buenos Aires, 2005

LASKI, Julian Pablo, "La gestión de riesgos: una estrategia para controlar amenazas", Página de Infobae Profesional, http://www.infobaeprofesional.com/interior/index.php?p=nota&idx=14082, 2005.

PROJECT MANAGEMENT INSTITUTE, "Guía de los Fundamentos de la Dirección de Proyectos (Guía del PM-BOK®), Tercera Edición", Newton Square, PA, Estados Unidos, 2004.

Capítulo 3

Controles internos en las organizaciones: ¿exageración o prevención?

La publicación del Informe COSO y la profundización del análisis de la gestión de los riesgos en las organizaciones, a través de la creación de áreas y comités de riesgo, y mediante la elaboración del modelo ERM citado en los capítulos previos, no parece haber resultado suficiente, al menos hasta comienzos de la primera década del milenio, para que su adopción e implementación pudiera llevar a lograr una seguridad razonable en torno a la consecución de las tres categorías de objetivos en las que se basan los modelos antes citados: operaciones eficaces y eficientes; información confiable; y cumplimiento de leyes y regulaciones. Ello se refleja en el hecho de que grandes corporaciones mundiales, que se suponía tenían sólidas estructuras de control, colapsaron debido a la administración fraudulenta y al evidente fracaso de sus sistemas de control. Entre ellas, podemos citar a Enron, WorldCom o Parmalat, como casos paradigmáticos (más allá de las diferencias entre los casos en particular).

A partir de los grandes escándalos financieros en compañías de gran envergadura a nivel mundial mencionados, y de la consecuente creación de normas y leyes mucho más rigurosas y estrictas en relación a las medidas de control para las empresas (entre ellas, la Ley Sarbanes Oxley, tal vez la más conocida), se disparó un auge de los controles internos en el mundo corporativo. Con el afán de no sólo serlo sino también parecerlo, la cantidad de controles comenzó a aumentar en forma exponencial en las organizaciones, procurando dotar a las empresas de un blindaje antifraude o anticorrupción. Este fenómeno no sólo se extendió a las empresas privadas, sino que el sector público procuró llevar a cabo, asimismo, una revisión de sus controles, con un consecuente incremento considerable de los mismos.

A poco más de cinco años de la sanción de Sarbanes Oxley, que asignó a la alta gerencia la responsabilidad indelegable y punible por la implementación de los controles, parece haberse ingresado en una meseta menos dramática e histérica y más reflexiva en relación a la adopción de medidas de control interno. En estos últimos años, quizá por temor a que las compañías fueran objeto de sucesos similares a los que llevaron a Enron, WorldCom y otras empresas a la bancarrota, se ha observado una exageración de los controles internos diseñados e implementados, en el sobre-dimensionamiento de la estructura de control, considerando que de esa forma se aseguraba que la organización no se expondría a posibles fraudes o irregularidades administrativas u operativas. De esta forma, las empresas comenzaron a implementar controles en los diferentes ciclos de sus negocios, incrementando costos, carga de trabajo, burocracia administrativa, modificaciones a los sistemas informáticos y, sobre todo, la cantidad de papeles y documentos.

En este sentido, es importante mencionar que el aumento de los costos por los mayores controles y más estrictas exigencias de control es muy significativo. Se calcula que las empresas que cotizan en la Bolsa de Nueva York han debido erogar entre un 15% y un 25% de sus ventas anuales en los últimos tres años para cumplir con los requisitos de SOX, donde la mayor parte del gasto está vinculada con los nuevos controles y la forma de documentarlos. Otra información al respecto, según una encuesta llevada a cabo en los Estados Unidos, indica que se calcula que el costo medio de aplicación del Artículo 404 de la Ley Sarbanes-Oxley ascendió a más de tres millones de dólares durante el primer año, incluidas más de 25.000 horas promedio en tiempo de trabajo del personal interno y un aumento medio de los honorarios de la auditoría externa de aproximadamente el 50%.

En función de lo antes expuesto, hoy en día es posible afirmar que este recorrido de un extremo a otro (débiles o inexistentes controles en la etapa pre- SOX, exceso de controles en la actualidad) no ha derivado en una relación costo-beneficio ventajosa para las empresas. La acción frenética de implementar controles internos no parece haber resultado positiva para las compañías, por las siguientes razones:

- Los controles internos se han diseñado e implementado sin considerar adecuadamente si mitigaban los riesgos a los que se encontraba expuesta la organización (el verdadero objetivo de un control). En otras palabras, se han establecido más por la necesidad de demostrar el postulado de que "esta empresa pone énfasis en los controles", que por la verdadera utilidad de los mismos.
- Las normas que requieren una mayor rigurosidad de los controles y una mayor responsabilidad de los ejecutivos, han motivado que estos, por el temor de ser afectados por hechos que deriven en irregularidades dentro de la empresa, implementen controles internos innecesarios y que sólo implican una mayor burocratización de las operaciones, demorando procesos y obstaculizando su normal funcionamiento.
- En el apuro por procurar evitar el fraude corporativo, se ha olvidado la necesidad de tener en cuenta la relación costo – beneficio de los controles internos. Un control

puede resultar altamente efectivo, pero si su costo de implementación supera el beneficio de su implementación, pierde su sentido. En este camino, hay empresas que prefieren asumir pérdidas o mermas "normales" en su proceso productivo o de negocios, considerando que el costo de controlar que dichas pérdidas no se produzcan es mayor que lo que se pierde por no poseer un control diseñado a tal efecto. Por ejemplo, los supermercados prefieren asumir en sus estados de resultados un valor estándar para lo que se denomina "robo hormiga" (pequeños robos de mercadería en las góndolas), antes que establecer medidas tales como asignar un empleado de seguridad por pasillo para que controle que los clientes no se lleven mercadería sin abonarla.

La avalancha de controles internos ha motivado que muchas medidas se pusieran en práctica independientemente de si las áreas involucradas poseían la cantidad de personal necesaria para llevar a cabo dichos controles, o sin asignar responsabilidades en forma adecuada. Así, preocupándose por la implementación de los controles pero sin tener en cuenta quién los ejecuta, se ha caído en el error de no segregar adecuadamente las funciones, llevando a que se presenten situaciones en las que una misma persona controla lo que hace, o haciendo intervenir en el proceso administrativo a quien naturalmente debe supervisar el control y no llevarlo a cabo (típicamente, Auditoría Interna). La consecuencia de ello, claramente, es que el control pierde total validez.

En relación a lo público, la situación no presenta demasiadas diferencias respecto de lo observado en las compañías privadas. Luego del cataclismo económico-financiero producido a partir de la crisis originada en las ya famosas hipotecas subprime, los políticos y economistas de todo el mundo han coincidido en la necesidad de incrementar las regulaciones existentes. Si bien es cierto que gran parte de la crisis actual se derivó de la falta de controles específicos, lo importante será no aplicar regulaciones en forma indiscriminada y generalizada, sino por el contrario, apuntar la mira hacia donde se requiere –específicamente– el sector financiero. Y sería aconsejable que, en pos de pretender demostrar una transparencia superficial, las organizaciones públicas no intenten imponer estructuras de control para parecerlo más allá de serlo…

Por otro lado, dado que en la era actual las operaciones se encuentran altamente automatizadas a través de sistemas de información, los controles informáticos se consideran indispensables para monitorear las operaciones y evitar irregularidades en los procesos. Por ello, muchas empresas han puesto el foco en los controles de sistemas, sin evaluar adecuadamente su costo (en ocasiones, muy elevado por requerir programaciones técnicas o incluso desarrollos adicionales) ni su utilidad concreta.

En definitiva, una lección aprendida de estos últimos tiempos - en que se ha priorizado la abundancia por sobre la efectividad y eficiencia concreta de las medidas de control corporativo - es que no se debe caer en el fundamentalismo de los controles internos que no conlleva mayores beneficios para la organización.

El desafío para las compañías radica, justamente, en determinar cuál debe ser la estructura óptima de los controles internos. Si bien no hay una receta de aplicación universal, los pasos a seguir para establecer un equilibrio razonable en esta materia deberían ser:

- Identificar los riesgos a los que la organización se encuentra expuesta;
- Evaluar si existen controles suficientes para mitigar dichos riesgos;
- Analizar si los controles están adecuadamente diseñados, incluyendo una revisión de los responsables, las

frecuencias de los controles y los medios de verificación objetivos disponibles;

- Determinar si dichos controles son efectivos y su relación costo – beneficio;
- Monitorear la efectividad y el funcionamiento de los controles en forma periódica, introduciendo las mejoras que se identifiquen y llevando a cabo las modificaciones que se requieran (adición, supresión o cambio, en el caso que se necesite).

En síntesis, y en virtud de lo que ha sucedido en el último tiempo, la tendencia parece indicar que en los próximos años, si bien los controles internos continuarán siendo un elemento crucial para contar con un buen gobierno corporativo de las organizaciones, es esperable una mayor austeridad, reflexión y pausa a la hora de pensar en las medidas a implementar. La estructura de control deberá ceñirse más ajustadamente a lo que las compañías necesitan realmente para mitigar los riesgos más importantes a los que se encuentran expuestas, y deberá analizarse profundamente la situación actual de los controles internos, suprimiendo aquellos que no agregan valor o modificándolos para convertirlos en una herramienta verdaderamente útil.

Bibliografía

CASAL, Armando Miguel, "Las buenas prácticas para la gestión de la seguridad de la información. La norma IRAM/ ISO/IEC 17799", Enfoques (Contabilidad y Administración), Num. 32, 2005.

CONGRESO DE LOS ESTADOS UNIDOS DE NORTEAMÉRICA, "Sarbanes Oxley Act", Washington DC, Estados Unidos, 2002.

COOPERS & LYBRAND, "Los nuevos conceptos del control interno (Informe COSO)", Madrid, Díaz de Santos, 1997

INSTITUTO ARGENTINO DE NORMALIZACIÓN Y CERTIFICACIÓN (IRAM), "Norma IRAM ISO 9000 - Sistemas de gestión de calidad – Fundamentos y vocabulario", Buenos Aires, 2001

LASKI, Julian Pablo "El control interno como: un enfoque integral – Experiencias prácticas en América Latina" – *Gestión y Estrategia, Universidad Autónoma Metropolitana Azcapotzalco,* México, 2006.

MANTILLA BLANCO, Samuel Alberto, "Sarbanes-Oxley Acta 2002 y siguientes", *Profesional & Empresaria (D&G),* Num. 102, 2008.

CAPÍTULO 4

LOS CONTROLES INTERNOS, LA GESTIÓN DE CALIDAD Y LAS REGULACIONES: UNA COMPARACIÓN ENTRE SARBANES OXLEY E ISO 9000

INTRODUCCIÓN

Tal como fue comentado en el capítulo 1 del presente libro, los controles internos se encuentran en un proceso de desarrollo continuo, que lleva a la mejora de los modelos y marcos de referencia aplicables. Si bien la mayoría de los modelos de control interno modernos se basan fundamentalmente en lo dispuesto por el Informe COSO, desde la publicación de este (en 1992) a la fecha, ha habido hitos o puntos de inflexión que han resultado en una profundización del control interno entendido como una herramienta de apoyo a la gestión, como una forma de asegurar en forma razonable la consecución de los objetivos organizacionales, y como un instrumento destinado a la prevención más que a la detección. Uno de estos eventos clave en la historia reciente de los controles internos y su aplicación en las organizaciones, ha sido la sanción de la Ley Sarbanes Oxley en Estados Unidos, cuyos puntos salientes se detallan en el presente capítulo.

Por otro lado, y en forma paralela al desarrollo de los modelos modernos de control, las organizaciones han avanzado en la creación de marcos de referencia que promuevan una mejor y más eficiente gestión de los procesos. En este sentido, y tal vez con un enfoque (inicialmente) más orientado a la mejora de las prácticas de negocios y de los estándares de producción en las empresas, se publicaron las normas de las series ISO (International Standardization Organization), cuyo objeto principal está destinado a homogeneizar las políticas y procedimientos de gestión y administración en organizaciones de diferente índole, naturaleza y actividad.

Los capítulos anteriores del libro se focalizan hacia aspectos relacionados más íntimamente con los controles internos y su aplicación como herramientas de desarrollo organizacional. Este capítulo, en cambio, pretende extender el ámbito del análisis, mencionando la existencia de otros marcos de referencia orientados a la mejora de las prácticas de gestión, y estableciendo puntos de comparación entre una norma muy específica como lo es la Ley Sarbanes Oxley, y un modelo más genérico y de amplia difusión en la actualidad, tal como las normas ISO resultan en la práctica.

Comparación entre Sarbanes Oxley y las normas ISO

Históricamente, una empresa que establecía sus operaciones en un país determinado, debía velar sólo por el cumplimiento de las leyes locales. Sin embargo, en un mundo globalizado y comercialmente sin fronteras, esto ha variado significativamente. Tanto en términos financieros, como en relación a aspectos propios de la gestión operativa, existen disposiciones normativas que afectan sensiblemente a la alta gerencia de las compañías. Por un lado, el Congreso de los Estados Unidos, a través de la ley Sarbanes Oxley, y por otro, el mercado, que en muchos casos impone la necesidad de que las empresas certifiquen sus procesos bajo las normas ISO, resultan hoy en día agentes de regulación que obligan, de maneras diferentes, a que las empresas deban cumplir con determinados requisitos para poder asegurar la sostenibilidad de sus operaciones. Si bien ambas disposiciones normativas tratan apuntan a diferentes aspectos de la gestión organizacional, poseen ciertos puntos en común que merecen ser analizados.

La ley Sarbanes Oxley (SOX), que fue promulgada como resultado de los grandes fraudes financieros y contables que tuvieron como exponentes máximos a los casos de Enron y Worldcom en Estados Unidos, requiere para las compañías que cotizan en la Bolsa de Nueva York, así como para las subsidiarias locales de las empresas norteamericanas que lo hacen, que se establezcan los controles internos que ayuden a asegurar que la información financiera sea precisa y confiable. La administración de una compañía, entonces, debe dar fe acerca de lo apropiado de estos controles y reconocer cualquier falla material que pudiera afectar la información financiera presentada.

Las normas ISO, en sus series 9000 y 14000, como ya fue comentado, constituyen marcos de referencia para la asegurar la conformidad de las prácticas de gestión. Si bien no existe una legislación vigente que, como en el caso de SOX, obligue a las empresas a estar certificadas en ISO para poder funcionar, termina siendo el mercado el que actúa imperativamente requiriendo que las compañías cumplan con estas normas (hoy en día, muchas empresas no pueden exportar ni ser proveedores de grandes corporaciones si no están certificadas). Los sistemas basados en ISO 9001 (de gestión de calidad) y 14001 (de gestión ambiental) brindan evidencia – a través de procedimientos, métodos, auditorías y registros – acerca de que las transacciones y revisiones se llevan a cabo de acuerdo con lo establecido en dicha norma. Tales sistemas también ayudan a identificar y gestionar riesgos que pueden afectar negativamente la posición financiera de una compañía y los informes financieros relacionados.

La información requerida para lograr la certificación en ISO 9001 o 14001 puede ofrecer evidencia valiosa apoyando la conformidad con SOX, pero solamente si los gerentes de calidad, jefes financieros y otras personas en la administración realizan la conexión.

Los grandes aspirantes a ser considerados los administradores destacados, entonces, son aquellos gerentes de aseguramiento de la calidad que ayudan a que sus compañías demuestren conformidad con los requerimientos de SOX. Dado el rol fundamental que tienen los departamentos de calidad en guiar a sus firmas a través de los procesos de certificación de las ISO 9001 o ISO 14001, obviamente son los que ayudan a reunir las actividades existentes para apoyar la conformidad con SOX. Pueden ayudar a que se eviten duplicaciones costosas de esfuerzos, ya que muchas actividades de certificación ISO brindan evidencia objetiva de controles internos sólidos, los que están relacionados con la información financiera.

Actuar en conformidad con SOX (fundamentalmente, en lo que respecta a sus secciones 302 y 404) típicamente significa implementar procedimientos y controles con el fin de que la información financiera y de otro tipo tenga credibilidad, lo cual, al igual que un sistema de gestión de calidad, constituye un proceso supervisado por la gerencia. Las auditorías de gestión, que son la base de revisión de cumplimiento de las normas ISO 9001 y 14001, por lo general se utilizan como medio de verificación adicional del cumplimiento de lo que requiere SOX.

ISO 9001 y 14001, por su parte, son vehículos naturales para ayudar a conseguir y sostener la conformidad con SOX. Para entender la conexión entre las normas ISO y los requerimientos SOX, a continuación se establecen los puntos en común más destacados:

Participación de la gerencia. La característica común más evidente entre los sistemas SOX e ISO es el alcance de la responsabilidad y de la participación de la gerencia. Ambas requieren la participación activa de la alta gerencia en los sistemas y procedimientos de sus firmas. Lograr la conformidad con SOX significa asegurar informes de datos financieros precisos y completos. En el caso de ISO 9001 y normas similares significa asegurar que los sistemas de la gerencia cumplan con los requerimientos del cliente, reguladores y otros. En todos los casos, el nivel y la intensidad de la participación de la gerencia brindan las bases para la conformidad.

Evaluación de la conformidad. Hay muchos requerimientos paralelos entre las normas ISO y SOX. Estos requerimientos se relacionan estrechamente con los procedimientos y controles apropiados para un sistema de cumplimiento de ISO 9001 o 14001, en aspectos tales como planificación, documentación del control, registros, políticas y objetivos, supervisión y medición, o revisión por la gerencia.

Seguidamente, se expone una infografía en la que se establecen los puntos y requisitos que diferencian a las dos normas citadas en este artículo, efectuando de esta manera una comparación de los diversos aspectos:

Conclusión

En consecuencia, hoy en día, las empresas están reguladas directa o indirectamente por disposiciones normativas que las obligan a cumplir con una serie de requisitos diversos aunque complementarios. Certificarse en una norma ISO no implica, ni mucho menos, que una firma trabaje conforme a SOX. Fundamentalmente, y como aspecto principal, las normas ISO 9001 e ISO 14001 no están focalizadas en aspectos financieros. No obstante, sus sistemas, procedimientos y prácticas ofrecen una plataforma lista para ayudar a demostrar la conformidad con SOX.

Bibliografía

CONGRESO DE LOS ESTADOS UNIDOS DE NOR-TEAMÉRICA, "Sarbanes Oxley Act", Washington DC, Estados Unidos, 2002.

COOPERS & LYBRAND, "Los nuevos conceptos del control interno (Informe COSO)", Madrid, Díaz de Santos, 1997

INSTITUTO ARGENTINO DE NORMALIZACIÓN Y CERTIFICACIÓN (IRAM), "Norma IRAM ISO 14000 - Sistemas de gestión ambiental", Buenos Aires, 2001

INSTITUTO ARGENTINO DE NORMALIZACIÓN Y CERTIFICACIÓN (IRAM), "Norma IRAM ISO 9000 - Sistemas de gestión de calidad – Fundamentos y vocabulario", Buenos Aires, 2001

PARTE 2

La gestión por procesos como herramienta para la creación de valor

Capítulo 5

Investigación: la gestión por procesos como herramienta para la creación de valor público y el incremento de la productividad en contextos adversos - Análisis de experiencias prácticas[2]

Introducción

El objetivo principal del presente capítulo, ha sido demostrar que los principios, metodologías y técnicas de la gestión por procesos se constituyen en una estrategia válida para contribuir al incremento de la productividad y creación de valor en las diversas actividades que comprende la gestión pública.

A través del documento, se demuestra que mediante procesos adecuadamente gestionados, es posible incrementar la productividad y crear valor público en forma efectiva, especialmente en situaciones y ámbitos de la esfera pública latinoamericana que presenten rasgos similares a las de los casos analizados en este estudio, donde existen barreras para el desarrollo institucional que dificultan el accionar del sector público. En definitiva, en este estudio se explica que a través de estrategias de

2 Investigación desarrollada utilizando como insumo el trabajo llevado a cabo por el Dr. Alejandro Medina Giopp en Barcelona y Santo Domingo

reforma que contemplen la introducción de herramientas de *management* moderno como lo es la gestión por procesos, y en circunstancias como las que presentan los casos aquí analizados (principalmente, el Proyecto denominado "Carapeguá en Desarrollo", en Paraguay), se propicia la creación de valor público.

1. Antecedentes

Las estrategias de reforma del Estado que tuvieron lugar en los inicios de los años ochenta en América Latina, se enfocaban inicialmente hacia modificaciones estructurales en la Administración pública para apoyar los esfuerzos de ajuste económico en base a lo que fueron requiriendo los países centrales y los organismos financieros internacionales a quienes representaban, pero no se dirigieron con fuerza a buscar cambios en el estilo de gestión del aparato publico.

Hoy, 20 años más tarde, es bastante evidente que se han conseguido magros resultados en cuanto al incremento de eficiencia de la gestión pública producto de las transformaciones y cambios antes mencionados, potenciados por el poco exitoso movimiento de reforma administrativa, especialmente en América Latina, generaron un cúmulo de respuestas alternativas para mejorar los instrumentos de satisfacción de necesidades colectivas.

Este conjunto de respuestas se configuran como elementos a considerar en la elaboración de un nuevo modelo de organización y gestión pública. La modernización de la gestión pública se ha venido enfocando, considerando el fracaso de las acciones de reforma encaradas, hacia la transformación del modo de gestionar en el Estado. Bajo esta lógica, las políticas modernizadoras han reconocido en el management moderno poderosos argumentos para hacer frente a la forma de organización de funciones segmentadas, alta especialización del trabajo, fragmentación de la responsabilidad y cadenas de procesos discontinuas que caracterizan a los aparatos públicos que buscan modernizar3. Es en este contexto donde la gestión por procesos, como herramienta administrativa, se constituye en una estrategia válida para contribuir al incremento de la productividad y creación de valor en las diversas actividades que comprende la gestión pública.

A lo largo del presente trabajo, y a través de la presentación de experiencias como la que tuvieron lugar en el Municipio de Carapeguá en Paraguay, se podrá entender la forma en que las estrategias de modernización orientadas a la mejora de productividad, accesibilidad, calidad, eficacia y eficiencia de la gestión pública, constituyen una alta proporción del total de estrategias modernizadoras y la aproximación de gestionar sobre la base de procesos se ha constituido en un referente fundamental para lograr operacionalizarlas de manera exitosa.

Este capítulo del libro trata, específicamente, de la forma en que se gestionan las actividades y tareas en la esfera de lo público, de la manera en que los gobiernos y sus instituciones administran sus operaciones. En este sentido, y en virtud de lo expuesto en los párrafos precedentes, se considera importante identificar con claridad en qué consiste la gestión por procesos. Se lo puede resumir como un conjunto de estrategias destinadas a mejorar la manera en que la administración pública lleva a cabo sus actividades, poniendo el foco en los procesos de gestión y orientando la mira hacia resultados, eficiencia y productividad. Dichas estrategias incluyen iniciativas como la simplificación administrativa y la racionalización de procedimientos administrativos; la asociatividad de los sectores de la población y el aprovechamiento del capital social; la elaboración de indicadores de rendimiento institucional que permiten la

---

3 Medina Giopp, Alejandro, "Gestión por procesos y creación de valor: un enfoque analítico", Santo Domingo, Instituto Tecnológico de Santo Domingo, 2005

evaluación por resultados y asociar a estos las asignación de recursos; la instauración del concepto de calidad en la gestión gubernamental.

Gestionar por procesos en el sector público e introducir un conjunto de iniciativas de esta naturaleza en forma adecuada, no es simple; se precisa un conocimiento preciso de las exigencias de cambio del área en la que se practicará, del conocimiento de las variadas conceptualizaciones, técnicas y modalidades que presenta el cambio por procesos, así como también de la comprensión de la estructura administrativa y política en la que estos se insertan. Si bien todo proceso de cambio es costoso y genera resistencias, esto se ve agravado en el sector público, debido a la intervención de factores e intereses vinculados a la "partidización" política (especialmente en América Latina, donde al tratarse de sistemas democráticos aún inmaduros, la confrontación parece estar ubicada por sobre el consenso), y donde el cambio no siempre se asocia a la mejora y a la modernización, como sí puede suceder en el sector privado. En es relación y debido a lo antedicho, que resulta pertinente la selección de técnicas de gestión y el diseño de estrategias de intervención apropiadas para gestionar "lo público" en base a procesos.

Teniendo en claro qué es la gestión por procesos, lo fundamental consiste en considerar la forma en que la gestión por procesos puede ayudar a mejorar la gestión pública y a crear valor público en los países más empobrecidos de América Latina, como Paraguay, donde por un lado la democracia como forma de gobierno es relativamente novedosa, donde la cultura de la dictadura y la opresión aun se encuentran instaladas en el seno de la sociedad, donde la gente tiene una desconfianza profunda en las instituciones, y donde por otra parte la administración del sector público ha demostrado no tener en cuenta conceptos como productividad, eficiencia, gestión por resultados, etc.

Es importante señalar que esta investigación no posee ambiciones desmesuradas y, por lo tanto, no pretende generalizar sosteniendo que cualquier organización en América Latina puede lograr resultados similares a través de la implementación de estrategias de reforma o de cambio organizacional similares a las desarrolladas en el caso aquí presentado. Por el contrario, sólo se puede afirmar que las conclusiones de este trabajo aplican en principio a las instituciones con realidades similares a la que se expone en el presente documento, siendo necesaria (como se indica en la sección "Further Research") una investigación adicional para proyectar o inferir la posibilidad de obtener resultados similares en contextos diferentes.

En definitiva, a través de este documento se pretende desarrollar conceptos a través de los cuales se entienda que las técnicas de la gestión por procesos conforman una vía, un camino, que ayuda al incremento de la productividad y a la creación de valor en las diversas actividades que comprende la gestión pública. La gestión por procesos, aplicada correctamente, contribuye a orientarse a resultados, a mejorar la calidad de los servicios ofrecidos a la población, y a fomentar la rendición de cuentas del Estado, aún en las condiciones y los entornos menos propicios.

Revisión de literatura

Como primera medida, resulta importante destacar que existen variadas y diversas fuentes bibliográficas que tratan sobre el tema desarrollado en la presente investigación. Sin embargo, y también como aclaración previa, debe señalarse que la literatura existente en general no relaciona los conceptos de gestión por procesos con la creación de valor público, y cuando así sucede, se trata de análisis más profundos sobre la problemática de los procesos o sobre las formas de crear valor, que sobre maneras concretas (reflejadas a través de casos de estudio) de incrementar la productividad en escenarios adversos o bajo circunstancias que lo dificulten. Ese pretende ser, precisamente, el valor agregado de este documento.

En relación a la gestión por procesos, es mucho lo que se ha escrito y discutido. Esta investigación recoge los aspectos salientes de los autores que internacionalmente más se han destacado en la materia, como Hammer y Champy (1994), Taylor (1911), Fayol (1916) y Deming (considerado el "padre de la calidad", que desarrolló gran parte de su obra en Japón desde los años '50 pero fue descubierto por occidente recién en 1982 cuando publicó "Out of the Crisis"[4]). Es interesante indicar que si bien estos autores, así como otros que tratan sobre procesos, calidad o reingeniería (como Pasquero o Hamalachi), han abordado en forma profunda esta temática, lo han circunscrito al tratamiento de los procesos y su relación con el contexto, más que a los efectos de los mismos vinculados con el cambio y la eficiencia del sector público. Hammer y Champy, fundamentalmente, han sido considerados los precursores de la gestión "neotaylorista", dado que sostienen que el cambio por procesos da las bases para un cambio en el paradigma de la organización del trabajo. Por otro lado, ha sido fundamental en relación al análisis de la importancia de los procesos, la evaluación del aporte de W. Deming como impulsor primario de la calidad total y la mejora continua, posteriormente más desarrollado (considerando asimismo criterios de aplicación práctica) por las Normas ISO 9000, también tenidas en cuenta para esta investigación. Los autores antes mencionados pueden ser considerados los precursores en la materia del estudio de los procesos. Como se desprende a partir del análisis de las fechas en que han publicado sus trabajos, se trata de una temática que lleva muchos años siendo tratada.

---

4 Nascimento Rodrigues, Jorge,Strategy and Structure Redux. Business Strategy Review, Vol. 13, pp. 20-27, 2002

Para la realización de este trabajo, se han revisado también aportes más recientes en la materia, de autores como Medina Giopp (2002) y Hintze (2001 a 2003) quienes, considerando también la obra de los pioneros en el análisis de los procesos, han efectuado investigaciones en los últimos años.

En cuanto a la creación de valor, por su parte, esta tesis incluye los principales conceptos en este sentido expuestos por Mark Moore en su obra, especialmente en el libro "Gestión estratégica y creación de valor en el sector público" (1994), que constituye un pilar para el estudio de la forma en que el Estado produce valor a través de su accionar. Moore brinda numerosos ejemplos, algunos de ellos relacionados con la gestión local (como se expone en este trabajo en relación al caso de Carapeguá), aunque se concentra fundamentalmente en la definición de valor público y en las técnicas para su medición. Moore no vincula procesos con creación de valor de la forma en que se hace en este documento, aunque debe señalarse que sienta las bases para establecer una visión gerencial del valor público. Este autor señala numerosas analogías entre el valor público y el valor en el sector privado (maximización de la rentabilidad), pero su enfoque en este sentido se orienta a facilitar la comprensión de que el Estado genera valor. En definitiva, Moore ha estudiado la problemática de la creación de valor público, las técnicas de medición, y ha brindado ejemplos concretos sobre la manera de concebir este asunto. No necesariamente ha mencionado a la gestión por procesos en su obra y, por supuesto, sus casos no se relacionan directamente con la realidad latinoamericana y, mucho menos, con lo que puede suceder en un Municipio como Carapeguá. Este autor presenta casos de municipios con recursos, de recaudación y uso de los fondos, de funcionarios responsables, entre otros aspectos, que no se corresponde con lo que acontece en Latinoamérica en general y especialmente en Paraguay, un país con recursos escasos, con un sistema político fragmentado, con niveles bajos de generación de fondos, entre sus características salientes.

Como ya fue mencionado, hay dos autores que, en diferente forma, mucho más recientemente y tomando como base la obra de los especialistas precursores antes mencionados, han realizado aportes en relación a la temática abordada en este estudio, considerando tanto a la gestión de procesos como a la creación de valor público. Por un lado, Jorge Hintze, catedrático argentino especialista administración pública, ha producido numerosas obras (fundamentalmente, desde 2000 hacia la fecha) en las que trata de la gestión por resultados en el sector público como forma de generar valor. En la literatura de Hintze, más conceptual y metodológica, se observan menciones a la gestión de procesos como forma ideal en los casos de procesos burocráticos y repetitivos (que, por otra parte, son la mayoría de los procesos que tienen lugar en el ámbito gubernamental, según el autor), pero se la menciona como sólo una de las maneras de lograr resultados y mejorar la eficiencia. Por su parte, Alejandro Medina Giopp, en su obra publicada en el año 2002, expone en forma muy analítica y detallada el modo en que deben ser tratados los procesos, y la evolución en prácticas de *management* en el mundo occidental, por una parte; y por otro lado, relaciona a la gestión de los procesos como una forma de generar valor, aunque de modo general y aplicable en forma global a las organizaciones en sentido genérico.

Estos dos últimos profesionales, han desarrollado trabajos más bien conceptuales, y si bien incluyen experiencias y casos concretos, otorgan lineamientos de la base teórica que contribuyó a realizar esta investigación empírica sobre la manera en que, aplicando técnicas de gestión por procesos, se puede mejorar el accionar del sector público en escenarios disímiles. En definitiva, ambos autores han expresado un factor común: el valor de la gestión por procesos como herramienta de gestión moderna y aplicable al sector público.

Hintze toma y recoge a los procesos como una vía para obtener resultados, señalando que en el ámbito gubernamental la mayoría de las actividades se gestiona, justamente, a través de los procesos. Este autor, considera a los procesos como elementos a partir de los cuales se debe orientar la gestión pública hacia resultados (y, de esa forma, crear valor público). Hintze señala que existen otras modalidades de gestión en el ámbito gubernamental, dependiendo del tipo de actividad que se ejecute. Si se trata de servicios constantes, de carácter rutinario, repetitivo y formal, la modalidad predominante debe ser operativa y gestionada por procesos; en cambio, en los casos en que se lleven a cabo intervenciones puntuales, el autor sostiene que es preferible que las mismas se gestionen por proyecto, de modo de mantener el foco en resultados. En cualquier caso, la gestión por procesos en muchos casos es la más adecuada para favorecer la productividad del sector público, considerando la gran cantidad de actividades que se efectúan de manera burocrática según el concepto weberiano en el ámbito público.

Por su parte, Medina Giopp realiza un estudio muy pormenorizado de los procesos, analizando su taxonomía, su vertiente axiológica e instrumental, remontándose desde la época de Fayol, Taylor y Ford hasta la actualidad, pasando por los aportes de Deming en relación a TQM (*Total Quality Management*, calidad total). Luego de realizar un análisis detallado de los procesos tanto en el sector privado como en el sector público, Medina Giopp argumenta que la gestión por procesos debe ser tomada como la base para desburocratizar el accionar en el ámbito gubernamental, permitiendo de ese modo incrementar los niveles de productividad. El autor lleva a cabo una comparación de experiencias de aplicación de cambios en organizaciones públicas y privadas basados en la gestión por procesos, destacando el rol que juegan no sólo los aspectos organizativos sino también los institucionales, tomando para ello como referentes a las democracias avanzadas del mundo occidental, representadas en buena medida por la Organización para la Cooperación y el Desarrollo Económico (OCDE) y América Latina.

Por otro lado, dado que los textos antes enunciados no solamente se enfocan en aspectos vinculados con la gestión pública, para realizar este trabajo ha sido necesario analizar documentos relacionados con las iniciativas de modernización en diversos países latinoamericanos, -especialmente de Paraguay-; como es el caso de la colección PUMA *Public Management* de la OCDE y de reforma del Estado y gestión pública en América Latina, sobre la base de Comisión Económica para América Latina y el Caribe (CEPAL) de las Naciones Unidas, el Consejo Latinoamericano para la Administración del Desarrollo (CLAD) o el Instituto Interamericano de Desarrollo Social (INDES) del Banco Interamericano de Desarrollo (BID), entre otros.

CONCEPTUALIZACIÓN TEÓRICA – ANÁLISIS DEL MARCO TEÓRICO

La gestión por procesos ha venido siendo utilizada como una de las formas escogidas a partir de las cuales se pretende introducir modificaciones y mejoras organizacionales, tanto en el ámbito público como en el privado[5]. Uno de los motivos por los cuales las organizaciones han ido direccionándose hacia este tipo de prácticas de *management*, es que han logrado en el corto plazo, a través de la aplicación de herramientas de gestión que tienen su foco en los procesos como el benchmar-

---

5 Es importante hacer notar que su introducción y desarrollo en el sector público ha sido menor, especialmente en países en desarrollo (como Paraguay o Argentina, los estados en los han tenido lugar los casos analizados en este trabajo) y en aquellas aplicaciones que involucran tecnología de información que requiere de cierta infraestructura, aunque su tasa de aplicación se ha incrementado rápidamente.

king, la calidad total, la implementación de sistemas de gestión de la calidad bajo ISO 9000 o la reingeniería de procesos (de acuerdo a las características de la institución o empresa), una reducción de costos, mejora de calidad en la producción de bienes y prestación de servicios (productividad) u optimización en el uso de los recursos, dada su orientación específica a metas concretas, su orientación a resultados.

Sin embargo, diversos autores han venido señalando que la mayoría de las estrategias de cambio basadas en procesos que han sido implementadas han sido sólo de carácter jurídico e instrumental, fundamentadas en la creencia de que el cambio administrativo se limita a hallar los mejores métodos para realizar el trabajo. Es decir, ha habido una excesiva importancia asignada a los procesos, sin tener en cuenta otros elementos como las resistencias al cambio por parte de los miembros de la organización y la influencia de grupos de interés en su desarrollo. El hecho de no haber considerado que el cambio por procesos no es solamente una cuestión de carácter técnico y jurídico, probablemente haya sido el motivo del fracaso de numerosas iniciativas y proyectos que constituyeron el movimiento de la reforma del Estado iniciada en la década del ochenta.

La conceptualización y contextualización de la temática aquí presentada, tiene por objeto señalar la relevancia que ha adquirido la gestión por procesos, la interpretación de su relación con la creación de valor público y con la productividad, así como presentar las características salientes de las estrategias de cambio a través de procesos.

a- ¿Qué es un proceso?

Un proceso puede ser entendido como un conjunto de actividades interrelacionadas entre sí que, partiendo de una o más entradas, los transforma generando un resultado o salida, como se presenta en el gráfico expuesto a continuación:

Redes de procesos –representación gráfica de su interacción

Fuente: Elaboración propia

Las organizaciones actúan a través de redes de procesos entrelazados entre sí, con el fin de llevar a cabo sus actividades en forma eficiente y eficaz (conceptos que se explicarán más adelante en este trabajo).

Dado que la gestión por procesos se enfoca fundamentalmente en el cliente externo (en el sector público, los beneficiarios de los productos o servicios entregados por el Estado), y que la calidad es entendida como el cumplimiento con las especificaciones o expectativas, se puede afirmar que existe un vínculo estrecho entre procesos y calidad. De hecho, la norma internacional que establece los parámetros para el establecimiento de un sistema de gestión de la calidad (ISO 9000) contempla como uno de sus principios básicos al enfoque basado en procesos.

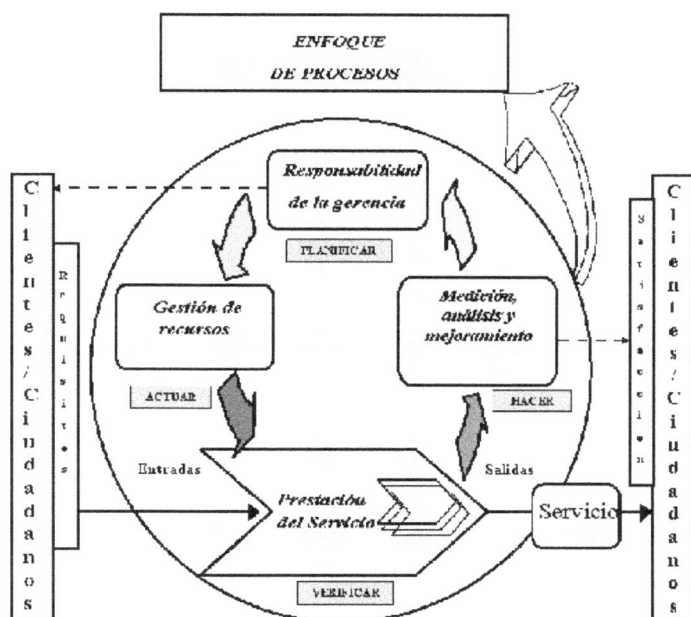

Fuente: Elaboración propia en base a la Norma ISO 9001:2000

Uno de los aspectos más salientes de este enfoque, radica en que ayuda a establecer qué procesos necesitan ser mejorados o rediseñados, identifica prioridades y provee de un contexto para iniciar y mantener planes de mejora que permitan alcanzar objetivos establecidos, facilitando asimismo la comprensión del modo en que están configurados los procesos organizacionales, de sus fortalezas y debilidades. Por otra parte, está comprobado a través de lo observado en las organizaciones que han adoptado este modelo, que la gestión por procesos tiene como efectos principales la reducción de costos, el incremento de la eficacia, la mejora sustancial de la calidad y la optimización de los recursos. Ello puede verse a través del cuadro expuesto a continuación:

Fuente: Elaboración propia

b-   La importancia de la gestión por procesos – aplicación en el sector público y en el sector privado

Como ya fue comentado, las organizaciones están constituidas por procesos. No existe producto (bien o servicio) en cualquier organización (sea esta pública o privada) sin uno o varios procesos. Sin embargo estos no son uniformes, dado que presentan una gran variedad. Si esta no se conoce y comprende la buena gerencia será indudablemente una mera cuestión de azar o buena fortuna. Distinguir entre las diversas clases de procesos que constituyen a un sistema de gestión organizacional y apreciar las modalidades que estos pueden presentar es fundamental para poder diseñar y poner en marcha iniciativas de cambio por procesos.

Tradicionalmente, las organizaciones se han configurado sobre la base de estructuras de naturaleza jerárquico – funcional, las cuales no han sido concebidas originalmente de forma de orientarse hacia las necesidades del cliente. En contraposición, la gestión por procesos percibe a la empresa como un sistema eslabonado de actividades, que la atraviesan de manera transversal.

Es importante destacar que la gestión por procesos coexiste con la administración funcional, estableciéndose dueños para cada uno de los procesos clave, y haciendo posible una gestión integral generadora de valor para el cliente.

Si bien el sector privado suele estar a la vanguardia en lo que a técnicas de gestión se refiere, no siempre los principios y las modalidades aplicadas en las empresas en forma exitosa pueden tener el mismo resultado en el ámbito gubernamental. La naturaleza de las actividades y los factores son muy diferentes, y por ese motivo no es posible trasladar en forma lineal una experiencia positiva en una empresa a una organización pública.

En el mundo empresarial, y según los principios de la calidad total basadas en los procesos, los gerentes identifican las preferencias de los clientes dirigiendo hacia allí sus esfuerzos, y en consecuencia pueden, de manera continua, evaluar el grado de satisfacción que estos alcanzan a través de la entrega de bienes y servicios. A partir de ello, establecen un proceso de medición para la mejora teniendo en cuenta las variables satisfacción y exigencias, de modo de orientar a la gestión hacia el mantenimiento de estándares de satisfacción. Un cliente satisfecho está dispuesto a pagar por un producto más allá de su costo de producción.

Ello no sucede de ese modo en el ámbito público. A diferencia de la empresa privada, que se financia por la venta de productos, el sector público lo hace recaudando impuestos y definiendo un presupuesto de gastos en un período determinado. Asimismo, puede existir un monopolio en la mayoría de los servicios, dado que el "cliente" público no posee la libertad de elección de proveedores, o bien puede no pagar por el bien o servicio que recibe, condiciones sin la que no existe un cliente privado.

En relación a lo anteriormente comentado, gran número de organizaciones ha adoptado, de manera reciente, al cambio por procesos como una alternativa de gestión que les permita hacer frente a sus crecientes demandas de cambio. Fuertes presiones competitivas y de recesión han estimulado su adopción en las empresas, que se desenvuelven en un ambiente en donde: "el mejor desempeño, el más bajo precio, la más alta calidad y el mejor servicio disponible de cualquier competidor se convierte rápidamente en el estándar de la competencia" (Hammer y Champy, 1993).

En el sector público, como ya fue expresado, el caso es particular. Vivimos en una sociedad de la información, con la población reclamando una gestión más transparente y con el auge del concepto de accountability (lo cual ha generado un aumento de la presión de los contribuyentes por más y mejores servicios). Particularmente en América Latina (donde ha tenido lugar los el caso analizado en este capítulo), y especialmente en Paraguay (país en que se ha desarrollado el Proyecto de Carapeguá), lo anterior se combina con un creciente empeoramiento en la distribución del ingreso y los alarmantes niveles de pobreza. Todo ello ha llevado a los gobiernos a considerar sistemas alternativos de gestión para satisfacer, de manera más eficiente, las necesidades públicas. Y es aquí donde la gestión por procesos ha venido entrando en escena.

El avance de los procesos y la importancia creciente que se les ha dado, se fundamenta en gran parte debido a la creencia (sustentada en experiencias concretas, inicialmente en las empresas privadas) de que la actividad esencial de una organización es gerenciar sus procesos de manera transversal, a lo ancho de la organización, para crear valor y no administrar sus departamentos o funciones bajo un enfoque clásico de administración. Lo antes expuesto ha llevado al convencimiento de que la optimización de funciones puede dar resultados muy diferentes a la optimización de los procesos transversales que constituyen a las organizaciones. Son finalmente los procesos y no los departamentos o las áreas funcionales de la organización las que producen los bienes o servicios que se facturan en un negocio. Es decir, los que crean valor para una organización.6 Es por ello que las normas de sistemas de gestión de la calidad utilizan el enfoque a procesos como el válido para mejorar los resultados de la producción de bienes y servicios de las organizaciones, siendo estas normas aplicables tanto al sector privado como al sector público.

Claro que existen diferencias sustanciales. Para las organizaciones públicas el valor de su actividad no es, obviamente, la rentabilidad por vender un bien o un servicio, sino que surge del impacto o resultado neto logrado en los ciudadanos a través de la actividad administrativa. Es decir, que se crea valor público cuando se mejora el bienestar a través de programas y proyectos sociales, cuando se vacunan niños y se prolonga la esperanza de vida, cuando se sanean ríos o lagos, cuando se ofrece agua potable, cuando se regula eficazmente una actividad transferida al sector privado, etc.

Por lo tanto, organizar por procesos y no exclusivamente por funciones, ha sido en la desde el auge del cambio por procesos una base para la mejora y la reforma. Es importante señalar que, por supuesto, el enfoque por procesos no sustituye al enfoque funcional. En otras palabras, las organizaciones continúan siendo organizadas según áreas funcionales, aunque lo que varía es el enfoque en el que se centra la gestión.

En relación a lo expresado en el párrafo anterior, es importante mencionar que la gestión funcional es la que tradicionalmente se utiliza (y se sigue aplicando) en las organizaciones, independientemente de su carácter público o privado. Esta forma de gestión, implica la división de tareas por áreas funcionales o departamentos para cada actividad específica de la organización, donde existen jefes o directores de área que tie-

---

6 Medina Giopp, Alejandro, "Gestión por procesos y creación de valor: un enfoque analítico", Santo Domingo, Instituto Tecnológico de Santo Domingo, 2005

nen a su cargo la responsabilidad por las funciones antes mencionadas. Bajo este esquema, existe una modalidad de trabajo en la cual el control y la coordinación se lleva a cabo a través de una jerarquía de puestos, lo que en cierto modo y en algunos casos, además de posiblemente conducir a una fragmentación de la organización, puede implicar una burocratización patológica por el exceso de formalismos innecesarios, y suele impedir la libre distribución de la información.

En el siguiente cuadro, pueden visualizarse con claridad las diferencias existentes entre los enfoques de gestión por funciones y por procesos:

Diferencias del enfoque de gestión funcional y por procesos

Gestión que privilegia la organización funcional	Gestión que privilegia el enfoque a procesos
Los empleados constituyen la fuente de los problemas	Los procesos inadecuados son el problema
Evaluar el desempeño individual	Evaluar el rendimiento de los procesos (calidad, eficiencia, etc.)
Cambiar personas, estructura, funciones, objetivos, etc.	Cambiar los procesos
Orientación a productos y a costos	Orientación a resultados, creación de valor y satisfacción de los clientes.
Siempre se puede hallar un mejor empleado	Siempre se pueden mejorar los procesos "reducir su variabilidad"(W. E. Deming)
Optimizar funciones con atención a la eficiencia	Optimizar procesos con atención a la creación de valor
Enfrentar y corregir errores	Reducir la variación de los procesos
Consigna de los empleados a realizar su trabajo	Comprensión del lugar que ocupa el trabajo de cada empleado en el proceso y colaboración en el desarrollo del proceso

Fuente: Elaboración propia con base a E. Deming.

Durante las últimas décadas del siglo pasado, en el marco de la reforma del Estado que tuvo lugar en todo el mundo, y especialmente en América Latina, se produjo un consenso acerca de la im+portancia de la gestión por resultados. Mientras que en el sector privado había una fuerte convicción en relación a que la mejora de los resultados era la natural consecuencia de la mejora de los procesos, en el ámbito de la gestión pública, las palabras que más resonaban eran "resultados" y su consecuencia natural "descentralización"[7]. En contraposición a lo que ocurría en el sector privado, entonces, la palabra "proceso", en lugar de asociarse a eficiencia, se fue relacionando con burocratización. Sin embargo, esto fue variando en los últimos años, comprendiéndose la importancia de organización a través de procesos para conseguir resultados. Joan Prats, en 1998, ya sugirió la conveniencia, para las administraciones públicas latinoamericanas, de la orientación a procesos según los preceptos weberianos como paso previo a la gestión pública orientada a resultados.

La gestión por procesos acompaña, asimismo, la nueva ola de rendición de cuentas o *"accountability"* de parte de los ciudadanos hacia sus gobernantes. Como señala Jorge Hintze, la rendición de cuentas de los procesos requiere establecer estándares de operación de los mismos y los indicadores de su cumplimiento. Ello implica que para procesos rutinarios, la rendición de cuentas puede hacerse relativamente sencilla.

En definitiva, la importancia de la gestión por procesos es vital, si se considera el amplio espectro que abarca. Como ya ha sido expresado, en el ámbito gubernamental, la gestión por procesos comprende iniciativas como la reingeniería de procedimientos; la articulación de los esfuerzos de diversos sectores de la población y el aprovechamiento del capital social; el diseño y medición de indicadores de rendimiento institucional

---

7 HINTZE, Jorge, "Gestión por procesos y resultados en el aparato estatal: una cuestión abierta", Ponencia presentada en el Segundo Congreso Argentino de Administración Pública - Sociedad, Gobierno y Administración Pública, http://www.aaeap.org.ar/ponencias/congreso2/Hintze_Jorge.pdf, 2003

que permiten la evaluación por resultados y la relación de estos con la asignación de recursos; así como la introducción de estrategias de mejora de la calidad en el ámbito de la administración pública

c-   ¿Qué se entiende por productividad?

La productividad en términos generales resulta del cociente que se obtiene al dividir el volumen de productos por alguno o por el total de factores o insumos de su producción, siempre haciendo referencia a la unidad de tiempo en que se utiliza el insumo (Rosen, 1993).

$$\text{Productividad} \left\{ \frac{\text{Productos}}{\text{Insumos}} \right.$$

Si consideramos a la productividad del sector público en forma específica, debemos indicar que los productos del sector público son los bienes y/o servicios públicos producidos y entregados por las diversas agencias, programas o instituciones que lo constituyen a sus "clientes", la ciudadanía. (Rosen, 1993).

Por lo tanto, puede afirmarse que la productividad se incrementa cuando se logra el mismo volumen de producción con menos insumos o bien mayor volumen de producción, mientras los insumos permanecen constantes. El nivel de productividad es determinado entonces por la medición de los productos, de los insumos y por el cálculo del cociente.

El concepto de productividad aplicado a lo público adquiere una connotación particular. En primer término, es necesario plantearse si se puede hablar de producción de servicios. Diversos autores como Pierre Eiglier y Eric Langeard afirman que dado que un servicio no se elabora de la misma manera que un producto, es preciso referirse a la "servucción", a la que los mencionados especialistas definen como "la organización sistemática y coherente de todos los elementos físicos y humanos de la relación cliente-empresa necesaria para la realización de una prestación de servicio cuyas características comerciales y niveles de calidad han sido determinadas". Pese a ello, pensar en la "producción" de servicios es posible: si el Estado entrega almuerzos escolares, provee de vacunación a un sector de la sociedad (como en el caso de Carapeguá), o proporciona un bono, ¿no son estos productos? Es decir, si bien el concepto de servucción puede ser considerado válido, visto desde otro punto de vista, tampoco parece descabellado asociar el concepto de producción a los servicios (en este caso particular, aplicado al sector público), en tanto el Estado lleva a cabo actividades mediante las cuales determinados insumos se someten a un proceso de transformación que culmina con la provisión de servicios como los mencionados. En relación a lo anterior (teniendo en cuenta que ciertos servicios entregados por la administración pública pueden ser asimilados a los productos) y en segundo término, de todas maneras se considera posible medir la productividad de los servicios que entrega el Estado, aunque no resulte tan sencilla dicha medición en función de no estar siempre claros los outputs (que en el caso de un proceso de producción industrial, por ejemplo, serían los bienes o productos terminados).

Las medidas de productividad en el sector público, entonces, resultan aplicables (bajo ciertas consideraciones), a cualquier clase de actividad: adquisiciones; investigación; actividades regulatorias; actividades recaudatorias; servicios de educación, salud, vivienda; servicios vinculados con la defensa, etcétera. Se puede aplicar a cada nivel de gobierno, y en cualquier unidad administrativa o agencia sin importar su tamaño. Por lo tanto, es posible considerar, en el caso de Carapeguá en Desarrollo, que el mayor volumen de producción logrado (como se

refleja en los indicadores presentados en Anexos), ha constituido un aumento o mejora de la productividad, a través de las
técnicas de gestión por procesos empleadas.

Por otra parte, la productividad es una medida que comprende a la eficiencia (Rosen, 1993); en este sentido, no resulta
extraño que resulte frecuente descomponer el análisis de la
productividad en criterios de eficiencia y también de efica-
cia8. Ambos (eficacia y eficiencia) son criterios cuya naturaleza es comparativa, establecen una relación de contraste entre
los avances en la producción y/o distribución de bienes y/o
servicios de las diversas agencias, programas o instituciones
públicas frente a los estándares definidos en su programación
de actividades. Constituyen la base para el establecimiento de
sistemas de monitoreo del logro de las metas de producción
y/o distribución.

Eficacia y Eficiencia: criterios basados en el contraste

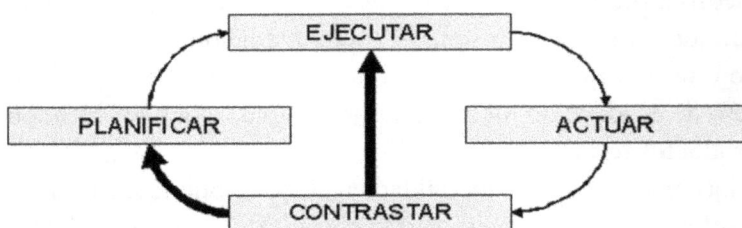

Fuente: Elaboración propia

---

8 Smith, Elizabeth A., "Manual de Productividad: Métodos y actividades para involucrar a empleados en el mejoramiento de la productividad",
Buenos Aires, Macchi, 1993

Los conceptos de eficacia y eficiencia, por su parte, deben definirse la siguiente manera:

Eficacia. Expresa el grado en que se alcanzan los objetivos de producción y/o entrega de bienes y/o servicios. Vincula dos dimensiones: metas y tiempo. La eficacia vincula las metas y los tiempos programados con los realizados, la capacidad de lograr un efecto deseado o planificado.

Eficiencia. Se refiere a la utilización, de la mejor manera posible, de los factores de producción de bienes y servicios. Es decir, se relaciona con la optimización en el uso de los recursos. Vincula metas, tiempo y el costo unitario de los productos fabricados y/o entregados y, en este sentido, existe cierta similitud con la definición de productividad, en la mayor parte de la literatura desarrollada en la materia.

En relación a lo anterior, es importante mencionar que incrementar la productividad ha sido una preocupación central que data desde el análisis de los tiempos y movimientos de F. Taylor. Los trabajos de la escuela de la administración científica de principios de siglo XX, liderados por Taylor y Henri Fayol fueron encaminados en la perspectiva del como optimizar los recursos para maximizar los resultados, con un fuerte enfoque en el mejoramiento de los procesos de producción. Es desde esta época que se puede ver una íntima relación entre procesos y productividad, focalizando los esfuerzos organizacionales en la gestión por procesos como forma de obtener mayores beneficios.

El rendimiento de la actividad de la gestión pública, sin importar su naturaleza, ya sea tributaria, regulatoria, de bienestar o la producción de bienes públicos, puede ser analizada sobre la base del comportamiento de cuatro medidas, consideradas como indicadores críticos de la gerencia:

Indicadores críticos de gestión

V	Volumen de actividad. Unidades de productos y/o servicios producidos y/o entregados.
Q	Calidad de los productos sobre la base de estándares de producción y grado de satisfacción de los beneficiarios. Definición y establecimiento de pesos relativos de los diversos atributos en que se descompone el criterio de calidad.
T	Unidad de tiempo en la que se enmarca el ciclo de producción y/o entrega de productos.
C	Unidades monetarias que expresan los costos por unidad de producto terminado.

Fuente: Alejandro Medina Giopp, (2005)

Mejorar la productividad, bajo esta perspectiva, se expresa operacionalmente en la mejora de uno, varios o todos los indicadores críticos de gestión, en función de diversas alternativas posibles[9].

El incremento de la productividad de una institución pública (o de un organismo estatal, o de un municipio, o de una provincia), en tanto dicha organización se responsabiliza por la producción y/o entrega de bienes y servicios, puede resultar por cambios positivos en una medida o indicador crítico de su gestión, suponiendo que se mantiene al resto constante. Una de las formas de lograr esta mejora, entonces, es a través de la gestión por procesos, dado que organiza, proporcionando las bases para orientarse a resultados.

d-   Relación entre productividad y creación de valor público – diferencias y semejanzas entre el sector público y el sector privado

Como ya fue comentado, la hipótesis principal de este capítulo sostiene (y ello se puede visualizar a través de los casos concretos aquí planteados) que la gerencia por procesos es una vía que sirve para mejorar la productividad y contribuir al proceso de creación de valor público. Pero para adentrarse en

---

9 Doree Rosen, Ellen, "Improving Public Sector Productivity: Concepts and Practice", Thousand Oaks, Sage, 1993)

estos conceptos, primero es necesario conceptualizar lo que se entiende por creación de valor en el sector público.

A diferencia de lo que sucede en el sector privado (donde la determinación acerca de si los resultados fueron positivos se mide a través de la rentabilidad o de aumento del valor económico de la empresa), en el sector público no resulta tan sencillo decidir si se está creando (o no) valor público. Ningún empresario invertiría en un proyecto determinado si no fuera por la rentabilidad que espera del mismo. Bajo esta lógica, todas las técnicas empresariales se insertan en la lógica del mercado y acompañan la lógica de las orientaciones descritas. De esta manera, el valor creado por una empresa privada, es susceptible de ser medido a través de un conjunto de indicadores financieros, del valor de las acciones o de la ampliación de la penetración en el mercado. Lo anterior configura lo que Mark Moore clasifica como la creación de valor privado. Este mismo autor, comparando esta situación con lo que sucede en el espacio gubernamental señala que los directivos públicos son, esencialmente, creadores de valor público y, por lo tanto, "el objeto del trabajo directivo en el sector público es crear valor público, del mismo modo en que el trabajo directivo del sector privado es crear valor privado".10

Pese a la analogía presentada, existen marcadas diferencias en variados sentidos entre lo que se puede ver en el sector público y en el sector privado. Por ejemplo, la naturaleza de la actividad del sector privado, a través de la que se crea valor, implica transacciones de carácter individual, entre los consumidores y la empresa, es decir directas, mientras que en el sector público, a pesar de que múltiples actividades, poseen un punto de encuentro bien delimitado en el consumo de ciertos servicios, existen otras actividades en que existen lo que existen clientes ocultos, como los beneficiarios indirectos de

---

10 Moore, Mark H., "Gestión estratégica y creación de valor en el sector público", Barcelona, 1998

programas de inmunización, o la seguridad nacional, como indica Moore.

Si se quiere analizar desde una perspectiva de ingresos y egresos similar a la del sector privado, se puede afirmar que los gerentes públicos, a través de los procesos que administran, por un lado pueden mejorar la manera de recaudar sus tributos, y por otro lado, a través de esos ingresos, se financia la prestación de los servicios prestados a la población, intentando mejorar las condiciones de bienestar a los grupos de población más carenciados, buscando incrementar su nivel de ingresos y satisfacer un número cada vez mayor de necesidades insatisfechas. En consecuencia, el sector público puede actuar sobre la mejora del proceso de recaudación o sobre el "proceso de producción", la entrega de bienes o servicios, para aumentar la productividad en la creación de valor público.

Por otro lado, también es posible medir el valor público a través de la satisfacción de los usuarios de los servicios (los beneficiarios). Este concepto de que los servicios crean valor si satisfacen lo que la población espera de ellos, equivale a lo que se define como calidad (grado de cumplimiento de unas especificaciones técnicas dadas). Dado que el enfoque a procesos, como se establece en las Normas ISO 9000, es el tenido en cuenta a la hora de establecer los principios de un sistema de gestión de la calidad, es posible ver cómo la creación de valor se encuentra estrechamente ligada a la gestión por procesos.

Claro que en materia de gestión pública, no todo puede ser medido en forma lineal. Frente a los resultados de los programas o proyectos, deben también ser considerados los costos en autoridad o legitimidad que puede enfrentar las agencias públicas al llevar adelante políticas, programas y proyectos. Por ejemplo, un proyecto puede ser factible desde el punto de vista político en cuanto a la legitimidad que genera, aunque si se midiera en relación a los ingresos que produce, los efectos a los beneficiarios, o la satisfacción de los usuarios directos, tal vez no pareciera tan positivo.

Técnicamente, y según sostiene Mark Moore, existen diversas aproximaciones que intentan medir el valor público creado por la actividad administrativa a través de programas y proyectos que operacionalizan las políticas públicas. Todo proyecto implica análisis de costos, cuando los resultados y costo del proyecto pueden traducirse en unidades monetarias, es viable la aplicación del análisis costo-beneficio (ACB); para Moore, el ACB constituye, dentro del arsenal de herramientas para medir el valor, la más generalizada y relacionada con el valor. Su lógica es muy simple y contundente: se determinan los beneficios y los costos de un proyecto, y si los primeros exceden a los segundos, se tiene un primer criterio de aceptación. Aunque también, siguiendo a Moore, el ACB es la técnica que presenta más dificultades. Se aplica en los proyectos económicos, no así en los proyectos sociales, donde asignar valor económico al impacto, no es siempre posible, en este caso, la técnica más adecuada es el análisis de costo-efectividad (ACE). Existen otras variantes, como estimar el valor público de la organización a través de la satisfacción de los beneficiarios o bien la consideración de la dimensión política, sustantiva y administrativa de la estrategia organizacional, como una medida aproximada de creación de valor, según propone Mark Moore.

Medición de la productividad de los procesos

Ahora bien, habiendo planteado las formas de medir el valor público y su relación con la productividad, cabe preguntarse de qué manera la gestión por procesos permite evaluar la productividad de la administración. En otras palabras: si tenemos en claro que la gestión por procesos contribuye a incrementar la productividad y a crear valor (como se demuestra a través de este capítulo), ¿cómo podemos medir que verdaderamente se esté mejorando la productividad?

Como ya fue expresado, a diferencia de lo que sucede en el sector privado, la productividad en el sector público se expresa por hacer más, mejor y más rápido con menos recursos. Por otra parte, y en relación a la gestión por procesos, una de las ventajas consiste en la posibilidad de medir los procesos para determinar su eficiencia y eficacia, dado que de ese modo se acota y facilita el análisis.

Por lo tanto, la respuesta a la pregunta planteada más arriba es la siguiente: la forma de medir la productividad vinculada con la creación de valor, es a través de la evaluación del nivel de productividad de los mismos procesos. En el Anexo V, se presenta una ficha de medición que ayuda a los efectos de la realización de este análisis

En síntesis, conceptualmente, este estudio sostiene y procura demostrar que a través de la gestión por procesos, es posible incrementar la productividad y contribuir a la creación de valor público. Las experiencias prácticas presentadas en esta investigación constituyen ejemplos concretos que sustentan la hipótesis de trabajo expuesta en la siguiente sección.

Hipótesis principales

La hipótesis principal de este capítulo consiste en demostrar que, haciendo uso de técnicas de gestión por procesos, es posible crear valor público en el ámbito gubernamental a pesar de la existencia de importantes barreras u obstáculos internos y externos. De este modo, estas estrategias pueden resultar exitosas en municipios de países de características similares a las de Paraguay (empobrecidos, con una enorme brecha social y económica), así como en organismos públicos tradicionalmente inestables desde el punto de vista político. A través del análisis de casos concretos, como el del Municipio de Carapeguá en Paraguay, se puede ver y comprobar cómo a pesar de la limitación de recursos humanos, materiales y financieros que existe en la mayoría de las instituciones de gobierno de países con las peculiaridades como las antes mencionadas, es posible que la articulación adecuada de las diferentes variables contribuya a que la población reciba mayores y mejores bienes y servicios desde la administración pública.

En síntesis, es posible resumir la hipótesis de este capítulo en los siguientes puntos:

1) Es posible y necesario que un adecuado gerenciamiento en el sector público contribuya a incrementar su productividad. De este modo, un aumento en la productividad influye de manera significativa en la creación de valor público; en otras palabras, lo que la población recibe de una administración pública adecuadamente gestionada (en bienes o servicios), debe ayudar a mejorar las condiciones de vida de los ciudadanos. Este gerenciamiento adecuado está relacionado con la transparencia y la rendición de cuentas de los funcionarios y, lo que resulta trascendental, es factible de ser operacionalizado aun en circunstancias adversas desde el punto de vista político, económico y social, tal como se refleja en el caso analizado en esta investigación.

2) La creación de valor público puede lograrse utilizando herramientas como la gestión por procesos, ayudando a mejorar el nivel de vida de la ciudadanía a través de este tipo de técnicas de gestión. La articulación de esfuerzos de los diferentes actores involucrados en la vida pública, se constituye en una herramienta que allana el camino para crear valor e incrementar la productividad.

Este análisis resulta relevante debido a que logra demostrar que a un mejor gerenciamiento (utilizando para ello, técnicas de gestión por procesos) corresponde una mejora de los resultados, medidos en términos de indicadores de los servicios prestados a la ciudadanía. De esta manera, se puede entender la forma en que se crea valor público a través de la gestión por procesos.

Metodología de recopilación de datos y fuentes de información

Este documento ha sido desarrollado a cabo teniendo en cuenta diferentes fuentes de información, primarias y secundarias. Los resultados e interpretaciones constituyen la explicación conceptual y la demostración teórica de la hipótesis, presentando luego experiencias que sustentan el asunto tratado, y que reflejan la forma en que diversas herramientas y metodologías de uso regular, permiten y fomentan el desarrollo de casos de gestión por procesos que facilitan el aumento de la productividad y la creación de valor público.

Puntualmente, la metodología utilizada para realizar esta investigación ha comprendido los siguientes aspectos:

1.   Métodos cuantitativos

En relación a la investigación de los denominados "datos duros", los mismos se han analizado provenientes de fuentes secundarias. La información relacionada con indicadores específicos del Proyecto "Carapeguá en Desarrollo" ha sido obtenida a través de la participación del autor de este documento en dicho proyecto, y forman parte del material elaborado por el Instituto Desarrollo de Capacitación y Estudios de Asunción, Paraguay, organización que ha actuado como facilitadora del Proyecto desarrollado en dicho país. Por lo tanto, se trata de datos secundarios, que si bien han sido recogidos por el mismo autor y se aplican a esta investigación, se han tomado de los resultados de otro proyecto.

Por otra parte, datos vinculados con el nivel de desarrollo de Paraguay, estadísticas de certificados de sistemas de gestión de la calidad emitidos en Argentina, datos demográficos de Carapeguá, han sido extraídos de fuentes secundarias (como la Dirección de Censos de Paraguay, páginas web, el IRAM de Argentina, el INDEC de Argentina o el Ministerio de Economía argentino) y su valor radica en que han resultado de utilidad a los efectos de demostrar la hipótesis de trabajo a través de cifras concretas.

2.   *Métodos cualitativos*

Por un lado, se ha revisado una gran cantidad de bibliografía de la temática en cuestión, como se comenta en la sección "Revisión de Literatura". Las fuentes de información analizadas se basan en diversos textos existentes sobre la gestión por procesos, la creación de valor público, la productividad y eficiencia, la calidad de los procesos, así como también, documentos oficiales que describen los objetivos, estrategias y resultados de las iniciativas de modernización en América Latina; abarcando literatura especializada la colección PUMA Public Management de la OCDE, CEPAL, CLAD e INDES, entre otros, así como la consulta de sitios web especializados.

En relación a los casos estudiados, los instrumentos básicos de análisis cualitativo utilizados han sido: cuestionarios, entrevistas, los métodos de observación (en el caso del Proyecto "Carapeguá en Desarrollo") y análisis documental. Cada uno de ellos presenta variantes en función del caso de estudio y de la información que se buscó obtener.

Por otra parte, se llevaron a cabo entrevistas semi-dirigidas con funcionarios clave, no sólo vinculados con el proceso de creación de valor público en Carapeguá, sino también con exponentes destacados en la materia de esta investigación. A tal efecto, se sostuvieron charlas con:

- Directores y ex directores del Instituto Desarrollo de Capacitación y Estudios de Asunción, Paraguay, que actuó como facilitador en el Proyecto "Carapeguá en Desarrollo";
- Funcionarios del Banco Mundial involucrados en el diseño de estrategias de reducción de la pobreza para América Latina;
- Consultores que participaron en el Proyecto "Carapeguá en Desarrollo";
- Escritores de artículos relacionados con la temática de la gestión pública y gestión por procesos;
- Arístides González, ex intendente de Carapeguá;
- Funcionarios y ex funcionarios del gobierno municipal de Carapeguá;
- Concejales (miembros del Poder Legislativo) de Carapeguá;
- Ciudadanos de Carapeguá

En el marco del trabajo realizado en el Municipio de Carapeguá, se han aplicado cuestionarios tanto a funcionarios públicos como a pobladores locales, utilizando preguntas de opinión, conocimiento y experiencia, todas ellas abiertas y sin que se hayan tabulado los resultados obtenidos de una manera específica.

Resultados e interpretación

En este apartado, se presentan los resultados del trabajo empírico realizado a los efectos de demostrar la hipótesis antes enunciada, a través de casos concretos cuyas características se detallan más adelante. Posteriormente, se efectúa un análisis de dichos casos, llevando a cabo una interpretación de los mismos y exponiendo la manera en que estos se relacionan con el marco conceptual y con la hipótesis de trabajo.

1. Estudio de casos

Concretamente, la finalidad de presentar casos de estudio es demostrar la hipótesis a través de experiencias que reflejen, tanto la influencia del contexto de aplicación, como el uso de herramientas y metodologías de uso regular, y que permiten el desarrollo de diversas modalidades del cambio por procesos, de modo de poder constituirse en una valiosa guía para el análisis, diseño y puesta en marcha de iniciativas de cambio por procesos que generen valor público.

Por lo antedicho, se presenta en este trabajo un estudio de casos significativo en este campo. En concreto, se presenta el caso del Municipio de Carapeguá en Paraguay, en el cual el autor del libro ha participado de un proceso de creación de valor público a través de la articulación de esfuerzos de la comunidad local, logrando el aumento de la productividad de la administración pública local. Este caso se desarrolla con cierta profundidad, debido a que se trata de una experiencia muy particular y de gran valor científico, en la que la gestión por procesos ha proporcionado las bases para el desarrollo local en un contexto de pobreza, subdesarrollo y limitadas capacidades de gestión. La idea de presentar esta experiencia, es procurar demostrar que casos disímiles en contextos diferentes, pueden ser tomados como modelos exitosos de gestión por procesos y creación de valor público.

Está claro que los procesos de modernización del Estado han presentado características disímiles en diferentes países. Tal como sostienen diversos autores, sólo en determinadas naciones se han llevado a cabo procesos de reforma del Estado propiamente dichos, mientras que en otros se ha tratado de medidas puntuales implementadas más como consecuencia de la necesidad de cumplir requisitos para recibir financiamiento externo (FMI, Banco Mundial, BID) que para optimizar el funcionamiento de la estructura gubernamental. Por ejemplo,

Argentina se ubica claramente dentro del primer grupo; si bien siempre fue fiel seguidor de las denominadas "reformas de primera generación"11, las medidas de reforma verdaderamente tuvieron un efecto concreto y conllevaron un cambio en la configuración del aparato público. Paraguay, por su parte, se ubica dentro del segundo conjunto de países, donde el Estado no ha sufrido en concreto modificaciones estructurales en el gobierno y sus instituciones, sino que se ha ido aggiornando a lo que los organismos internacionales le han solicitado para poder acudir al endeudamiento externo.

Como se expresa en otros apartados de este documento, seguramente no sea posible afirmar, a través de este caso analizado, que los mismos resultados pueden obtenerse en cualquier otra organización. Aquí se procura demostrar que en estos casos, ha sido posible verificar la hipótesis de trabajo; seguramente, investigaciones adicionales en otros ámbitos estatales de los mismos países o de otras naciones de la región, podrían concluir si es posible o no lograr objetivos de la misma naturaleza en otras circunstancias, tal como se menciona en el capítulo "Further Research".

Caso: Proyecto Carapeguá en Desarrollo – iniciativa de gestión por procesos a través de la articulación de esfuerzos en el Municipio de Carapeguá, en la República del Paraguay
Contexto

A nivel internacional: los Objetivos de Desarrollo del Milenio

En septiembre del año 2000, en la Cumbre del Milenio en Nueva York, 191 países miembros de la Organización de la Naciones Unidas (ONU) acuerdan para el año 2015, entre

---

11 Oszlak lo menciona en referencia a las reformas solicitadas por los organismos financieros internacionales, principalmente en la década del 90, relacionándolo con la política neoliberal aplicada por el gobierno que se mantuvo en el poder en Argentina durante dicho decenio.

otras cosas, lograr la enseñanza primaria universal, reducir en dos tercios la mortalidad infantil, en tres cuartas partes la mortalidad materna y en la mitad la pobreza extrema, en relación a los niveles prevalecientes en 1990. El conjunto de objetivos acordados en ese entonces, son conocidos como Objetivos de Desarrollo del Milenio (ODM, presentados en el Anexo IV con sus respectivos indicadores), y se constituyen en una síntesis de los diversos acuerdos adoptados por los países miembros de la ONU en cumbres mundiales a lo largo de los noventa. Los ODM son ocho y están acompañados por 18 metas y 48 indicadores.

Los Objetivos de Desarrollo del Milenio

•Erradicar la pobreza extrema y el hambre
•Lograr educación primaria universal
•Promover la igualdad de género y empoderar a las mujeres
•Reducir la mortalidad infantil
•Mejorar la salud materna
•Combatir HIV/SIDA, malaria y otras enfermedades
•Asegurar la sostenibilidad del medio ambiente
•Construir una alianza global para el desarrollo

Fuente: Millenium Development Goals, UNDP

Los ODM, en tanto son reconocidos internacionalmente y han sido debidamente acordados, se han constituido en una herramienta facilitadora de consensos en cuanto a prioridades de acciones tanto para los niveles nacionales como locales. La comunidad de Carapeguá, asistida por un equipo de consultores, reflexionó en base a estas líneas y ha incorporado a las ODM como objetivos orientadores de su acción.

A nivel regional: América Latina

América Latina, una de las regiones con mayores índices de pobreza del mundo, cuenta con más de 220 millones de pobres, según datos de las Naciones Unidas. Es la única región en el mundo en la que durante la década de los noventa la tasa de incidencia de la pobreza extrema no disminuyó, así como tampoco la desigualdad en la distribución del ingreso (incluso África presenta mejores resultados). Para agravar la situación, la población en riesgo de caer en la pobreza se ha incrementado de manera alarmante.

A nivel nacional: la situación en Paraguay

La situación económica de Paraguay ha estado marcada, desde la creación del Estado, por la pobreza, la desigualdad y el bajo nivel de desarrollo. El avance y la profundización de la pobreza están estrechamente relacionados con el estancamiento de la economía, la debilidad de las instituciones, la calidad del capital humano y social de la sociedad paraguaya, y los efectos de un escenario político en que la consolidación de la convivencia democrática se torna difícil[12]. En el año 2001, la población pobre ascendía a 1.976.568 habitantes; la moderada, a 1.066.997 habitantes y la extrema a 909.571, cantidades que representan el 33,9%, el 18,3% y el 15,6% de la población, respectivamente.

A los efectos de poner en perspectiva la situación económica en relación a la pobreza de la zona de Carapeguá, con características rurales, es necesario puntualizar que tres de cada diez personas del área rural y uno de cada diez en el área urbana son pobres extremos, y a la vez debe considerarse que el 76% de la pobreza extrema es rural. De 1995 a 2001 los niveles de pobreza, pobreza moderada y pobreza extrema han aumentado 11%, siendo que los aumentos más significativos se dieron

---

12 Estrategia Nacional de Reducción de la Pobreza y la Desigualdad, Secretaría de Acción Social, Presidencia de la República, 2002

en la población extrema del área rural (20%). En 1995, había en Paraguay 1.462.884 personas pobres, de los cuales 671.092 vivían en extrema pobreza; en el año 2001, los pobres eran 1.976.568 y los pobres extremos, 909.571. Por lo tanto, en seis años 513.684 personas cayeron en situación de pobreza y 238.479 en situación de extrema pobreza.

Como se desprende de los datos antes expuestos, la situación de pobreza de Paraguay es un fenómeno de gravedad que afecta a toda la población, especialmente a la que reside en la zona de características similares a la de Carapeguá. Este proyecto, entonces, debe analizarse bajo un entorno de estas características; las cifras, presentadas a 2001, explican por sí solas la situación en que se encontraba la población de este territorio antes de la intervención del proyecto comentado en este trabajo.

En otro orden de cosas, al igual que en muchos países de América Latina, la democracia y la participación ciudadana son conceptos novedosos para Paraguay. Sin embargo, en este país, el desprestigio de lo público parece ser aún más acentuado, como puede verse en las características descritas a continuación[13]:

– No existe tradición de participación comunitaria.
– Elevada percepción ciudadana de corrupción.
– Apatía hacia las instituciones políticas.
– Sentido ciudadano de impotencia para generar cambio.
– Poca experiencia en administrar diferencias efectivamente.
– Poca sentido de gobernabilidad democrática.

En este contexto general (y más aún si se consideran las características peculiares de Carapeguá, como se expone a continuación), pensar en un gobierno local productivo y que genere

---

13 Molinas, José," Seminario Internacional Capital Social, Ética y Desarrollo, Los Desafíos de la Gobernabilidad Democrática", 2003

Julián Laski

valor público, parecía más una utopía que una realidad posible
de cristalizarse en los hechos.

A nivel local: la situación en Paraguay en cuanto a su organización política

Ya sea como provincia de la Colonia Española o Estado independiente, Paraguay se ha caracterizado a lo largo de su historia por contar con una organización política y administrativa
autoritaria y altamente centralizada. La centralización se exa-
cerbó luego de una cruenta guerra civil y de la dictadura que,
a partir de 1967, gobernó al país a través de la intervención de
las Fuerzas Armadas, con el liderazgo del General Stroessner,
que subsistió en el poder hasta 1989. Es en ese año que se ini-
cia en Paraguay una etapa de transición a la democracia, que
se caracteriza por un compromiso hacia el reestablecimiento
de las garantías constitucionales, hacia el respeto de las garantías políticas y hacia la democratización del sistema[14]. En este
nuevo contexto, la primera acción significativa es el llamado
a elecciones municipales en mayo de 1991, lo cual constituye
un acontecimiento histórico dado que es la primera vez que se
eligen intendentes municipales en forma directa (por lo cual
se da un paso trascendental hacia la descentralización). Por
otro lado, ello generó una explosión de activismo político que
por primera vez (y estamos hablando de finales del siglo XX)
despertó el interés del paraguayo en el origen y calidad de la
gestión pública a nivel local.

Pese a ello, el modelo de gestión local paraguayo presenta
altos niveles de dependencia del gobierno central, con una am-
bigüedad en el esquema de competencias a nivel departamental y municipal, y con una injerencia significativa del poder
central en los niveles locales y departamentales. Tal es así, que
para aproximadamente 187 de los 223 municipios en los que

14 Prats I Catala, Joan, "Diagnóstico Institucional de la República del
Paraguay", Barcelona, Instituto Internacional de Gobernabilidad, 2002

se divide el país, se habían presentado solicitudes de intervención del gobierno central hasta el año 2002[15]. Por otro lado, el nivel de dependencia económica de los municipios respecto del gobierno nacional es muy elevado, en línea con lo que sucede en la mayoría de los países de la región. En gran medida, los municipios dependen de las transferencias del gobierno central para financiera sus operaciones corrientes. Y en este contexto, el Departamento de Paraguari, del cual Carapeguá forma parte, sólo recibió 9.625 millones de guaraníes en el año 2002 en concepto de transferencias sobre un total de 190.174 millones, es decir, el 5% del total, siendo uno de los departamentos con menor volumen de transferencias del gobierno central de todo el país.

La comunidad de Carapeguá

Carapeguá está situada en la parte central del Departamento de Paraguarí en Paraguay, a 85 kilómetros al sur-este de Asunción. Tenía una población estimada en el año 2000 de poco más de 33.000 habitantes. Su población es eminentemente rural (78% en el 2000) y joven (35% era menor a 15 años en el 2000).[16] Su población se ocupa principalmente en la agricultura y en la industria artesanal, según datos de 1992. En ese mismo año, el 64% de su población contaba con alguna necesidad básica insatisfecha (NBI). Los años promedio de escolaridad en 1992 eran de sólo 4,3 años, y la tasa de analfabetismo estimada para 1996, era del 7,6%. La esperanza de vida al nacer se estimaba en el municipio en 68,6 años, menor al promedio nacional de 70 años. La

15 Aproximadamente, 1.780.000 dólares según el tipo de cambio vigente a la fecha en cuestión
16 Los datos socioeconómicos del Municipio de Carapeguá utilizados en esta sección, provienen del Informe Nacional de Desarrollo Humano de Paraguay, 2002, y han sido citados también por José R. Molinas en su artículo Capital Social, Metas del Milenio y Desarrollo Local- El Caso de la Iniciativa de Carapeguá en Desarrollo, Paraguay

incidencia de la pobreza estimada en 1997-98 era del 21%. Los indicadores muestran a Carapeguá como a un municipio por debajo de los niveles medios de condiciones de vida del país. El índice de desarrollo humano (IDH) promedio del Paraguay fue de 0.723 para el año 1992. El Informe Nacional de Desarrollo Humano del 2002, señala que Carapeguá tenía un IDH de 0.605 el mismo año. El IDH de Carapeguá en 1992 ha sido inferior al de Nicaragua (0.611) y Namibia (0.611) en ese mismo año. En este contexto, Carapeguá enfrenta el desafío de implementar exitosa y sosteniblemente en el municipio acciones tendientes a alcanzar ODM consensuados por la comunidad internacional.

DESCRIPCIÓN DEL CASO

El caso se describe detallando los aspectos salientes de la experiencia: por un lado, la articulación de los actores clave en el escenario local para establecer una estrategia de desarrollo comunitario basada en los Objetivos de Desarrollo del Milenio; por otra parte, el dictado de un curso de capacitación en gerencia social, que fue llevado a cabo con el objeto de fortalecer las capacidades de los gestores locales en forma inicial; y posteriormente, se expone el fortalecimiento de los distintos tipos de capital social existente en la comunidad, y se realiza un breve recuento de los beneficios generados a corto plazo por esta inversión en capital social.

Este proyecto, cuyo objetivo a corto plazo consistió en fortalecer el capital social local para catalizar una estrategia de desarrollo local sostenible, que mejore las condiciones de vida de la población en forma consistente con los Objetivos de Desarrollo del Milenio, es una clara muestra de que una gestión orientada a procesos favorece el incremento de la productividad, facilitando la creación de valor público.

¿Por qué y cómo surge "Carapeguá en Desarrollo?"

El origen del proyecto "Carapeguá en Desarrollo" se produce cuando el Intendente de Carapeguá Ángel González solicita, en el mes de febrero del 2002, asistencia técnica al Instituto Desarrollo de Capacitación y Estudios de Asunción, Paraguay, para promover estrategias de reforma de la gestión municipal. El Instituto aceptó el pedido, aunque puso como condición que la iniciativa debía ser formulada desde sus inicios con la participación de la sociedad civil y del gobierno municipal de Carapeguá. Para ello se solicitó al Intendente que organice una reunión con los exponentes de los distintos sectores de la sociedad carapegueña, de manera a indagar el interés de la comunidad en el desarrollo de un proyecto participativo de desarrollo comunitario. A esta primera reunión asistieron miembros de la comunidad educativa de Carapeguá (tanto de los niveles primarios, secundarios y terciarios), de las asociaciones de artesanos, de la iglesia católica, de ONGs locales, de los bomberos voluntarios, así como miembros del legislativo municipal. Es decir, actores de origen diverso, pero todos involucrados en cualquier estrategia de desarrollo que debiera tener lugar, y todos ellos, propulsores del cambio y del consenso.

En esta reunión se discutieron algunas ideas centrales que resultarían claves para la implementación del proyecto. Estas ideas fueron:

(i) *Cualquier intento sostenible de desarrollo comunitario sólo se podría lograr si los principales protagonistas de la iniciativa eran los miembros de la comunidad,*

(ii) *Los Objetivos de Desarrollo del Milenio planteaban desafíos concretos a la comunidad de Carapeguá, por lo que se requería de una ac-*

> *ción concertada entre todos los niveles de la so-*
> *ciedad carapegueña, así como la articulación*
> *efectiva con las instituciones departamentales,*
> *nacionales e internacionales,*
>
> *(iii)   Se requería de un proceso de capacitación siste-*
> *mática para generar una masa crítica capaz de*
> *acompañar la identificación de las necesidades*
> *en forma participativa, de diseñar proyectos*
> *que respondan a estas necesidades, y para ar-*
> *ticular las redes necesarias para su implemen-*
> *tación efectiva.*

Estos lineamientos iniciales, debidamente consensuados en la reunión inicial, dieron el puntapié para la preparación del proyecto y la búsqueda del financiamiento inicial con recursos locales y de la cooperación internacional.

Los objetivos del proyecto se establecieron en dos horizontes temporales[17]:

> *1. A corto plazo, fortalecer el capital social local para*
> *catalizar una estrategia de desarrollo humano lo-*
> *cal sostenible. Esto se pretendía lograr a través de:*
> *(i) la sensibilización de la necesidad de trabajar*
> *mancomunadamente por el desarrollo de la comu-*
> *nidad, (ii) la creación de una instancia permanente*
> *de diálogo y coordinación para el desarrollo comu-*
> *nitario conformado por líderes de la sociedad civil*

---

17 Esta información, así como gran parte de los datos recogidos para el desarrollo del caso, surgen de los documentos del Proyecto Carapeguá en Desarrollo, elaborados por el Instituto Desarrollo de Capacitación y Estudios de Paraguay, y a los que el autor del presente trabajo tuvo acceso por su participación en dicho Proyecto.

y del gobierno municipal, (iii) la asistencia técnica para la formulación de un borrador de Plan Estratégico de Desarrollo Municipal que sería sometido a un proceso de consulta amplia en la comunidad, y (iv) la capacitación para el gerenciamiento adecuado del proceso de diseño e implementación de políticas, programas y proyectos de desarrollo comunitario;

2. *A mediano plazo, mejorar substancialmente las condiciones de vida de la población de Carapeguá en forma consistente con los ODM. Esto se pretendía lograr a través de la coordinación y monitoreo efectivos de las diversas iniciativas del desarrollo encaradas por el sector público (municipal y central), la sociedad civil, y las agencias de cooperación internacional en torno a una estrategia global adecuada para la comunidad de Carapeguá.*

¿CÓMO SE CONCIBIÓ "CARAPEGUÁ EN DESARROLLO"?

El esquema del proyecto, en su conceptualización teórica, se presenta a continuación:

Fuente: Elaboración propia (basada en el artículo Capital Social, Metas del Milenio y Desarrollo Local El Caso de la Iniciativa de Carapeguá en Desarrollo, Paraguay, de J. Molinas y B. Martínez)

El proyecto, en su fase inicial, constaba de cuatro componentes:

(i)   *Una estrategia de sensibilización y comunicación, cristalizada a través de encuentros comunitarios que involucrasen en forma activa a todos los actores clave de Carapeguá;*

(ii)   *La creación y fortalecimiento de un concejo de coordinación del desarrollo comunitario;*

(iii)   *Un programa de capacitación en gerencia social, que consistió en un curso -taller de 120 horas basado en un modelo de Capacitación en Gerencia Social desarrollado por el Instituto Interamericano para el Desarrollo Social*

(INDES) del Banco Interamericano de Desarrollo (BID), para proporcionar a los participantes marcos analíticos e instrumentos técnicos que permitan mejorar la planificación y gestión estratégica de programas y proyectos para el desarrollo;

(iv)   Una estrategia de monitoreo, evaluación y sistematización de la experiencia.

Uno de los desafíos, claro está, era ver de qué manera se podía financiar el proyecto. Como se comentó previamente en la descripción del contexto, Paraguay es uno de los países más pobres de la región, y la disponibilidad de recursos en municipios como Carapeguá es muy limitada. Por ello, se recurrió a la búsqueda de financiamiento externo: el proyecto fue sometido al Fondo Canadiense para Iniciativas Locales (Fondo Canadá) para su financiamiento parcial. Estos fondos complementarían los aportes locales proveniente de la Municipalidad y del aporte en especie de la comunidad, los aportes del Instituto Desarrollo, y los que eventualmente se obtendrían de otras agencias de cooperación y/o del gobierno central. Posteriormente, se sumó el apoyo del Programa de las Naciones Unidas para el Desarrollo (PNUD) a través del aporte para un fondo de becas para el curso-taller de capacitación en gerencia social. Es importante destacar que los fondos solicitados no han sido cuantiosos, y que (y esto sirve como lección aprendida de la experiencia), existen recursos disponibles de la comunidad internacional si se presentan proyectos consistentes, adecuadamente formulados y que hayan sido debidamente consensuados.

Una síntesis de los resultados esperados con sus respectivos indicadores de logros, tanto para los objetivos a corto como a mediano plazo, se encuentran en los cuadros del Anexo 1.

LA EJECUCIÓN DEL PROYECTO

El primer encuentro comunitario: puntapié inicial

El primer encuentro comunitario marcó un hito importante en relación a la capacidad de convocatoria del proyecto a la población organizada y no organizada de Carapeguá. A este encuentro concurrieron más de 600 personas (aproximadamente el 2% de la población total del municipio), provenientes de los diversos barrios del casco urbano y de las comunidades rurales que conforman el territorio. En este evento, se presentaron a la comunidad los Objetivos de Desarrollo del Milenio y la forma en que el Proyecto "Carapeguá en Desarrollo" pretendía gestionar los procesos de manera de desencadenar un proceso participativo tendiente a afrontar exitosamente los desafíos que los ODM representaban. La participación obtenida en este primer encuentro superó ampliamente las expectativas, y constituyó el paso inicial para involucrar a los actores locales. En este encuentro, donde participó también el gobernador del Departamento en el cual Carapeguá está localizado (Paraguarí), se destacó el apoyo de la cooperación internacional, lo cual contribuyó a generar confianza por parte de los pobladores, ya que en un contexto de escepticismo generalizado y de escasa participación ciudadana (en una democracia que es una novedad, como ya fue comentado), los organismos internacionales ayudaron a que el Proyecto fuera más creíble.

Debe destacarse que el mismo proceso de preparación del primer encuentro comunitario fue una ocasión importante para ir involucrando a los actores clave. Fue durante las sesiones de preparación que se sumaron paulatinamente dirigentes de organizaciones de artesanos, líderes de grupos de base y políticos de diversos partidos. El proceso de incorporación de actores clave al grupo impulsor del proyecto ha sido un proceso continuo. Puede afirmarse que el proceso en sí mismo constituyó un espacio de creación de valor público; aunque los resultados no hubieran sido los deseados, el solo hecho de agrupar actores de diversas características ya debe ser tomado como un resultado en sí mismo.

Organización comunitaria

Luego de la realización de encuentros comunitarios que se sucedieron al primer evento antes mencionado, se logró organizar a más de 900 familias de tres comunidades (más del 20% de la población rural total del municipio) para participar en el Proyecto. Cada comunidad rural (de las 17 elegibles) se organizó en por lo menos 30 sectores de 10 familias vecinas, que deseaban participar en el Proyecto. A su vez, cada sector de 10 familias vecinas, identificó a un promotor comunitario, que sería capacitado (a través del curso – taller) y trabajaría voluntariamente con esas 10 familias por un plazo de un año.

Priorización de los proyectos

A los efectos de involucrar aún más a la población, y de obtener su apoyo, se decidió que fueran los mismos actores clave los que establecieran cuáles proyectos debían ser considerados como fundamentales y cuáles no. Teniendo en cuenta que las necesidades eran variadas y no se podía atender a todas ellas, esta iniciativa incorporó como el siguiente paso al lanzamiento oficial en el primer encuentro comunitario, la realización de un taller con líderes locales para priorizar los proyectos que conformarían el plan de acción inicial para el desarrollo comunitario. Estos proyectos serían diseñados en el curso de gerencia social e implementados inicialmente por los egresados del curso en forma voluntaria. En este taller de priorización, realizado una semana después del primer encuentro comunitario, participaron 110 líderes locales, y como resultado del mismo, se confeccionó una lista de 27 posibles proyectos relacionados con los Objetivos de Desarrollo del Milenio, solicitando a cada participante que los ordene jerárquicamente de acuerdo a la prioridad asignada a cada uno de ellos. Los proyectos que ocuparon los 10 primeros lugares (en promedio) fueron considerados como un mandato de la comunidad a los participantes del curso para el diseño e implementación inicial de los mismos en el municipio. Los proyectos priorizados fueron:

LISTA DE PROYECTOS PRIORIZADOS EN ORDEN DE PRIORIDAD

1. Atención Primaria de Salud: La provisión del paquete básico de atención primaria entregado eficientemente por un equipo de salud local, en base a experiencias actuales en otros municipios.
2. Sistemas de producción y comercialización de artesanías y manufacturas.
3. Programa de enriquecimiento de alimentos: provisión de sal yodada, el enriquecimiento de la harina de trigo con hierros y vitaminas, además de la provisión de hierro y ácido fólico a mujeres embarazadas.
4. Expansión de cobertura, eficiencia y calidad de la educación escolar básica
5. Mejoramiento de la infraestructura vial de la ciudad: ciclovía, mejoramiento de calles y veredas, caminos vecinales, señalización.
6. Expansión de cobertura, eficiencia y calidad de la educación media.
7. Sistemas de provisión de agua potable.
8. Alfabetización
9. Programas de asistencia buco-dental.
10. Sistemas de eliminación de excretas de hogares e instituciones educativas, desagüe sanitario.

Fuente: Elaboración propia – Material del Proyecto "Carapeguá en Desarrollo"

El curso taller de gerencia social: la base para fortalecer capacidades de crear valor

Dentro de "Carapeguá en Desarrollo" el curso-taller en gerencia social ha ocupado un lugar central, ya que ha permitido fortalecer a los actores clave, lo cual se constituyó en un aspecto que posibilitó el éxito de la creación de valor y el aumento de la productividad. El curso-taller captó el interés de un gran número de actores clave, debido a que se percibió que el curso sería de alta calidad, juzgado por parámetros estandarizados internacionalmente, y con alta aplicabilidad local. Esta percepción se debió principalmente a que el programa se basaba en gran medida en el contenido de los cursos en gerencia social del INDES-BID, que había logrado la aprobación de una vasta audiencia a lo largo de América Latina y el Caribe. Este contenido, tenía como uno de los ejes centrales la gestión por procesos como estrategia movilizadora del cambio y la creación de valor. Asimismo, se incluyeron ejercicios prácticos para medir la productividad y la creación de valor público, basadas en los preceptos de Mark Moore.

La expectativa y el interés generado en torno al curso en gerencia social permitieron establecer una estructura de incentivos para promover el capital social local[18]. La promoción del capital social se daría en la forma de mayor participación y compromiso de los dirigentes capacitados con su comunidad. Específicamente la estructura de incentivos se estableció de la siguiente manera: (i) Se valorizó en términos monetarios el costo del curso por persona en US$ 1.200 (descontando la contribución local en especie),[19] (ii) se enfatizó que existían becas disponibles para la comunidad de Carapeguá, por lo tanto todos los participantes recibirían una beca de participación al curso en nombre de la comunidad y se esperaba que retornen los beneficios a la misma en la forma de diseño e implementación inicial (por el término de un año) de uno de los proyectos priorizados por la comunidad, (iii) la información relacionada a la asistencia, a la elaboración de los diseños de proyectos priorizados por la comunidad, y el cumplimiento del compromiso de los participantes

---

18 Kliksberg, Bernardo, "El Capital Social", Caracas, Panapo, 2001
19 Este costo es significativamente menor a cursos ofrecidos por un plantel docente equivalente en universidades paraguayas.

en la implementación inicial de los proyectos, sería pública, y la prensa local sería encargada de difundirla.

Por otra parte, se impusieron requisitos para participar del curso que, más allá de criterios de evaluación curricular (antecedentes y estudios), incluyeron la obligatoriedad de que los egresados trabajaran en el diseño e implementación de uno de los proyectos priorizados por la comunidad de Carapeguá. La lógica que persiguió este requisito es que de ese modo, se aseguraba la participación de profesionales capacitados en la elaboración de los proyectos.

El establecimiento consensuado de estos requisitos, contribuyó a que se alejen los temores iniciales de algunos actores clave de la comunidad en relación a la posible "partidización" en la selección para el curso, según lo manifestaron posteriormente. Además, estos requisitos claros y sencillos demostraron ser efectivos a juzgar por los resultados del proceso de selección. Fueron escogidos participantes motivados, comprometidos con su comunidad, con las habilidades necesarias para absorber y aplicar los contenidos de la capacitación, y sobre todo, se logró conformar un grupo representativo de los diversos sectores de la sociedad local a juzgar por las características de los participantes. Esta diversidad del grupo ha demostrado ser un activo importante en el proceso de concertar voluntades de los diversos actores clave en torno a una visión compartida de desarrollo comunitario. De este modo, se procuró evitar caer en los casos tan típicos en la región de clientelismo político, dado que había cierta desconfianza inicial de los habitantes de Carapeguá, quienes en líneas generales suponían que los participantes del curso serían seleccionados en función de su afinidad política con el Alcalde y no de acuerdo a sus condiciones. Es importante destacar que, en este caso, la definición de los requisitos por sí sola no hubiera resultado suficiente (son muchos los casos en que existen leyes o normas que luego no se respetan); uno de los aspectos fundamentales para asegurar la transparencia en la asignación de los cupos, fue la voluntad política del gobierno local, que demostró su compromiso permanente y total para impulsar el éxito del Proyecto.

RESULTADOS CONCRETOS OBTENIDOS EN EL CORTO PLAZO

- Si bien en el Anexo I se presentan los logros del Proyecto en lo inmediato, es importante mencionar los siguientes aspectos salientes que reflejan la obtención de resultados, la creación de valor y el incremento de la productividad:
- En la comunidad de Franco Isla, se capacitaron 49 promotores de salud, que realizaron actividades de promoción de salud con 490 familias de la comunidad. En esta comunidad, en el año 2003, todos los niños habían recibido todas las vacunas según lo establecido en el calendario vacunatorio, la demanda por Papanicolau se había quintuplicado entre las mujeres, y todas las embarazadas habían recibido la atención pre-natal respectiva.
- En otra comunidad (Tayi), 45 promotores de desarrollo comunitario fueron capacitados para el diseño y gestión participativa en proyectos productivos.
- En la comunidad de Espartillar, se formaron comisiones de vialidad para monitorear el mantenimiento de los caminos.
- Se logró enviar muestras de artesanías locales a Canadá y Estados Unidos.
- La gestión por procesos y creación de valor público en el caso de Carapeguá
- A continuación, se exponen los motivos por los cuales se considera que "Carapeguá en Desarrollo" constituye una experiencia de gestión por procesos, a través de la cual se logró crear valor público e incrementar la productividad.

Gestión por procesos

La gestión por procesos en el caso de Carapeguá, se manifiesta a través de que mediante esta experiencia de participación comunitaria ha sido posible traspasar barreras existentes, logrando de ese modo aumentar la productividad y crear valor. En el sector público, la gerencia por procesos se asocia a reducir la alta fragmentación de tareas, la especialización y la jerarquía para acompañar flujos de procesos inter-departamentales, es decir romper las barreras entre departamentos o áreas funcionales. En esta concepción tradicional, el producto de un área u organismo en el insumo del siguiente y así un departamento es proveedor y cliente a la vez y la organización se constituye de cadenas interminables cliente-proveedor. Sin embargo, gerenciar por procesos implica también romper otro tipo de barreras, las barreras inter-organizacionales o barreras exteriores, donde se relaciona la organización con proveedores y clientes. Esta es para Michael Hammer (2001) la innovación más reciente en torno de la gerencia por procesos.

En la experiencia "Carapeguá en Desarrollo", ha sido posible superar los obstáculos existentes entre los actores de la sociedad civil, entre los diferentes niveles de gobierno (municipal, departamental y nacional), entre los grupos de poder de la zona, y entre las diferentes estructuras gubernamentales existentes. En ese sentido, el caso de Carapeguá, en tanto ha logrado reducir la fragmentación, configura un caso que posee rasgos relacionados con la gestión por procesos. Si bien hubiera sido posible implementar un proceso de mejora continua o una implementación de un sistema de gestión de la calidad bajo ISO 9000 en el municipio sin que ello hubiera implicado la necesidad de contar con participación de la ciudadanía (y de ese modo, se habría producido una utilización de técnicas que involucran a la gestión por procesos), el hecho de que en Carapeguá la gestión por procesos haya sido acompañada de la participación ciudadana ha legitimado la iniciativa en gran medida, siendo esperable de esta manera una mayor sostenibilidad en el futuro.

Creación de valor público

La experiencia del proyecto denominado Carapeguá en Desarrollo (y ese es uno de los motivos principales por el que se lo considera en este trabajo), constituye un claro ejemplo de creación de valor público y aumento de la productividad en una región empobrecida y con escasez de recursos, donde la articulación de acciones de parte de diversos sectores y mediante la gestión por procesos ha permitido lograr condiciones de desarrollo y resultados en forma asombrosa. Carapeguá es el primer municipio en el mundo[20] que adoptó una legislación por consenso donde establece lo siguiente: (a) Las metas del milenio se transformaron en el eje principal de la estrategia de gobierno municipal (ejecutivo y legislativo), (b) el presupuesto del municipio se ha preparado a fin de reflejar adecuadamente las metas del milenio tal cual lo priorizaron sus habitantes en forma participativa, y (c) se ha institucionalizado la participación permanente de la sociedad civil en el monitoreo y asesoramiento de este proceso a través de la instauración de un concejo de desarrollo comunitario compuesto por representantes del gobierno municipal y de la sociedad civil organizada.

Los tres puntos mencionados en el párrafo anterior, constituyen, en función de la conceptualización desarrollada en este trabajo y de acuerdo a lo señalado por los expertos en la materia, creación de valor público. Por otra parte, independientemente de los resultados concretos, se puede afirmar que el mismo proceso de establecimiento de la política de desarrollo ha creado valor en sí mismo, más allá de que los indicadores (presentados en el Anexo I) hayan evidenciado resultados satisfactorios.

---

20 Esta situación fue reconocida por el Banco Mundial y el PNUD en el año 2002.

Finalmente, como ya fue mencionado, una de las maneras en que se materializa la gestión por procesos, es a través de estrategias de asociatividad de los sectores de la población y el aprovechamiento del capital social. Sin dudas, eso es lo que ha sucedido en Carapeguá.

LECCIONES APRENDIDAS PARA LA GESTIÓN POR PROCESOS Y AUMENTO DE PRODUCTIVIDAD

Como reflexión principal sobre experiencia del Proyecto "Carapeguá en Desarrollo" (al menos, hasta la fecha de elaboración del presente trabajo), es posible señalar que se demuestra que la creación de valor aquí presentada, podría sentar las bases para generar un proceso sostenible de desarrollo local (aunque ello debiera investigarse en forma más exhaustiva mediante análisis complementarios). Algunos de los elementos a tener en cuenta para esta reflexión, como lecciones aprendidas de esta experiencia de gestión por procesos e incremento de la productividad, son: (i) la sinergia entre lo global y lo local, por la aplicación en un territorio, como base del consenso ciudadano, de estrategias globales de desarrollo; (ii) el impacto positivo que puede tener sobre la formación de capital social local la aplicación de las herramientas de la gerencia social, conteniendo esta aspectos vinculados con la gestión por procesos; (iii) el impacto catalizador sobre el desarrollo local que puede una capacitación técnica sistemática a dirigentes locales[21]. Esta experiencia nos invita igualmente a analizar las transformaciones en los cuadros gerenciales en este proyecto de desarrollo local.

Se verifica en la experiencia de Carapeguá que lo global ha generado una fuerza motivadora y catalizadora de una inicia-

---

21 Molinas, José y Martínez, Bruno O., "Capital Social, Metas del Milenio y desarrollo local- El Caso de la Iniciativa de Carapeguá en Desarrollo", Asunción, Instituto Desarrollo, 2003

tiva local. Lo global en este contexto estuvo dado por: (a) los objetivos de desarrollo del milenio, objetivos globales concertados por 191 países[22], y (b) el papel de las agencias de cooperación internacional, que tienen una reputación global. Estos elementos, sin dudas han facilitado la concertación de una agenda de desarrollo local.

Es importante destacar, como ya ha sido mencionado, que si bien en contextos como el de Carapeguá la escasez de recursos es una barrera importante, si se solicita el apoyo de la comunidad internacional para proyectos de cambio de esta naturaleza, se pueden obtener recursos. En otras palabras, no debe considerarse que la limitación en términos económicos es un obstáculo insuperable, si se gestiona por procesos, si se procura crear valor y si se propicia el aumento de la productividad en forma adecuada y consistente. Si se mantiene el apoyo de los actores clave, a pesar de las contiendas electorales, se pueden lograr consensos y de esa forma, el apoyo es mucho más factible de ser recibido.

2. *Interpretación de los resultados del caso estudiado*

Como puede verse claramente en el caso expuesto, la gestión por procesos, considerada como iniciativa que favorece el cambio, requiere algunos aspectos comunes a todo proyecto reformista en el sector público; fundamentalmente, la consideración de la dinámica de las fuerzas políticas del contexto en el cual de desarrolla. Si ello no se tiene en cuenta, y si no se consigue un patrocinio y compromiso político, un proyecto de cambio a través de procesos (en rigor de verdad, cualquier proyecto de cambio) va destinado al fracaso. Es aquí donde cobra importancia un elemento innovador del Proyecto Carapeguá en Desarrollo: la convergencia de los grupos con intereses particulares, el consenso como base para el cambio, el acuerdo por sobre la confrontación partidista.

---

22 Fuente: Programa de las Naciones Unidas para el Desarrollo

A través de lo expuesto conceptualmente, y del caso de Carapeguá, se puede ver la manera en que experiencias de articulación de iniciativas de actores que logren el consenso necesario para propiciar el desarrollo aún en las más precarias condiciones y en el entorno más desfavorable (como sucedió en el caso del Proyecto Carapeguá en Desarrollo), permiten crear valor público de maneras novedosas. Es decir, esto nos aproxima una vez más a lo que implica crear valor público, incrementando la productividad del Estado gestionando procesos en cuanto a su función de organizarse para proveer resultados a su población objetivo (la ciudadanía).

Por otra parte, es necesario destacar que debe considerarse, en relación a la gestión por procesos, que es igual o más importante que los resultados alcanzados, el proceso que los detona. Es decir, que se puede crear valor público a pesar de que no tener resultados, si el proceso de construcción ha generado consenso, incrementado el capital social, generado aprendizaje colectivo y definido orientaciones estratégicas. Tal situación ya ha sucedido en el caso de Carapeguá en Desarrollo y, aunque los resultados no puedan ser sostenibles en el tiempo (ver "Further Research"), el logro fundamental de la experiencia no se perderá, porque el proceso de construcción y articulación sí que ha resultado efectivo. De todas formas, es importante remarcar que en el caso del Proyecto Carapeguá en Desarrollo, no sólo el proceso ha creado valor, sino que también hay resultados, es decir hay incrementos logrados en indicadores clave de la gestión local, en proyectos concretos de educación, salud, infraestructura, etc., tal como se expone en el Anexo I de este trabajo. De lo anterior, se deriva que en Carapeguá el proceso de formación de la política de desarrollo ha generado externalidades muy importantes, además de que se han logrado variaciones en las condiciones de bienestar de la población local, como se desprende del análisis de la evolución de los indicadores presentados. Interpretando los resultados de la investigación llevada a cabo para el Proyecto Carapeguá en Desarrollo, se puede afirmar que desde una lógica de procesos, es posible mirar el proceso (valga la redundancia) de formación de la política y de entrega de servicios, como impulsores de la creación de valor. Es decir, que a través del análisis efectuado, se puede visualizar la existencia de un balance entre procesos (productividad) y creación de valor público.

Asimismo, y en relación a lo expresado más arriba para la experiencia analizada en este trabajo, es necesario tomar en cuenta que existe una tensión entre eficiencia y eficacia que, en lo público, es muy importante. A veces es preferible lograr los fines a un costo un poco más alto siempre que ello garantice confiabilidad y gobernabilidad. Sobre esta tensión entre eficiencia y eficacia, es interesante analizar el siguiente cuadro:

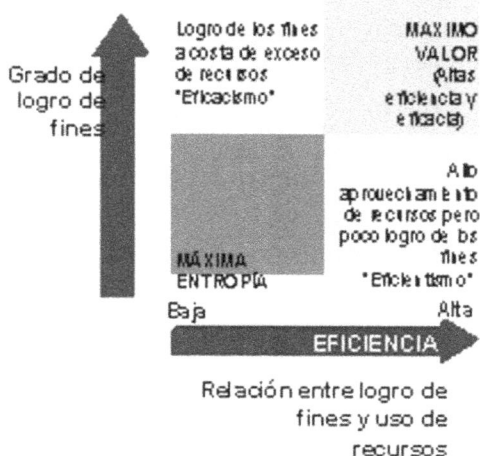

Fuente: Evaluación de Resultados, efectos e impactos de valor público, Jorge Hintze

Con esto, no se pretende afirmar que los resultados no interesan, ni que los medios sean más importantes que el fin: por el contrario, siempre debe estar puesto el foco en el aumento de la productividad, y es hacia allí adonde debe orientarse la gestión por procesos. En síntesis, lo importante es lograr un equilibrio en esta tensión ente eficiencia y eficacia, centrándose en resultados a largo plazo, aun considerando las limitaciones presupuestarias y de recursos para lograr esos fines, o las barreras institucionales o del entorno.

CONCLUSIONES

El presente trabajo demuestra, en función de lo expuesto, que se puede crear valor público si se gestiona por procesos en el ámbito gubernamental; es decir, que una mejor organización y articulación de esfuerzos mediante técnicas de gestión modernas contribuye a mejorar el desempeño del Estado, incluso a nivel local y aun en las condiciones menos propicias. Visto de otra forma, una mayor eficiencia o productividad produce más valor por unidad de recursos y el gerenciamiento es la variable seguramente más influyente en su logro. Por otro lado, se puede concluir que las organizaciones con razonables capacidades gerenciales soportan mejor las restricciones y barreras que les pone la política y el entorno.

En cuanto a la hipótesis de que la creación de valor público puede lograrse utilizando herramientas como la gestión por procesos, parece bastante evidente que toda vez que la gestión (aún la llamada "gestión por resultados"23) se realiza por procesos, de este modo se puede contribuir a mejorar el nivel de vida de la ciudadanía. De hecho, y en relación a lo anterior, el Estado gestiona por procesos esencialmente, lo cual suele facilitar la rendición de cuentas. Como se expresa en la sección "Further Research", considerando que casi no puede haber dudas en cuanto a que la gestión por procesos ayuda a crear valor público, tal vez convendría, en estudios posteriores, centrar la discusión a los efectos de distinguir entre procesos

23 Según la distinción realizada por Jorge Hintze

eficientes versus procesos perversos, más que si la gestión por procesos es válida.

Por otro lado, la cuestión de la generación de valor a partir de recursos pasa naturalmente por los procesos. A mejor diseño de los procesos, y mayor capacidad de gestión para aplicarlos, más generación de valor por unidad de recursos, es decir, mayor eficiencia (lo anterior vale tanto para casos en que el valor sea público como cuando sea privado). Las circunstancias del entorno político hacen más difícil la implantación de procesos y la disposición a ejecutarlos, especialmente en los países pobres y especialmente en el plano institucional más difícil de modernizar, como es el local. Lo que suele suceder en el sector público, es la existencia de barreras a la capacidad institucional. Esto es lo que debe considerarse innovador de la experiencia de Carapeguá: la posibilidad de superar esos obstáculos y lograr la creación de valor más allá de las condiciones adversas.

Asimismo, y esto debe considerarse como un aprendizaje de la experiencia que tuvo lugar en Carapeguá, es evidente que no es posible el logro de eficiencia y eficacia sin mecanismos que reduzcan la asimetría de información entre los actores, por lo que la transparencia es condición necesaria para la rendición de cuentas, ya sea en el sector público o en el mercado. Lo que ocurre es que en lo público no existen incentivos significativos a favor pero sí en contra de la transparencia, sobre lo que hay más que abundante literatura.

En otro orden de cosas, la orientación a procesos tiene una relación muy estrecha con el ordenamiento institucional, con el desarrollo organizacional y, por lo tanto, con la creación de valor. En este sentido, se puede concluir que se demuestra que un incremento de productividad es posible pese a la adversidad, si se aplican herramientas de *management* modernas como lo es la gestión por procesos.

En definitiva, y como ya fue expresado, esta investigación no pretende generalizar ni extrapolar los resultados a cualquier organización o ámbito de la gestión pública, ya que hacerlo reflejaría una ambición desmesurada y no sería posible demostrarlo. Más concretamente, este trabajo se refiere a lo que se infiere de la observación de casos puntuales, los cuales a través del análisis aquí realizado demuestran que la hipótesis de que si se gestiona adecuadamente (y la gestión por procesos ha sido la técnica de *management* elegida como objeto de este estudio), se puede crear valor público de forma más eficiente, incrementando los niveles de productividad.

Further research

Como ya fue indicado, existe una gran cantidad de literatura acerca de la problemática abordada en el presente trabajo. Los documentos escritos en relación a la temática de la gestión por procesos, por un lado y creación de valor público, por otro, no habían considerado la hipótesis demostrada a través de esta investigación empírica, mediante la cual se sostiene que una adecuada gestión por procesos contribuye a incrementar la productividad y crear valor en circunstancias inestables, complicadas, turbulentas o adversas.

Los resultados de la investigación aquí expuestos son sólo el inicio de un estudio mucho más profundo que podría tener lugar. Son varias las líneas de investigación que podrían abrirse a partir de este trabajo, entre las que es posible mencionar las siguientes:

- La sostenibilidad a largo plazo de proyectos de cambio a través de la gestión por procesos en escenarios similares al de Carapeguá;
- La posibilidad de replicar experiencias como las de Carapeguá en otros contextos y bajo otras circunstancias;
- Asumiendo la validez de la gestión por procesos como herramienta de *management* aplicada al sector público, se podría intentar dilucidar qué procesos deben implementarse y cuáles no (distinción entre procesos perversos y procesos eficientes).

La lista arriba expuesta es incluida aquí sólo a título enunciativo; por supuesto, el abanico de posibilidades es muy amplio, y de este trabajo podrían derivarse innumerables investigaciones adicionales. En las siguientes líneas, se analizan las posibilidades de profundizar el estudio sobre los puntos citados.

1. Sostenibilidad a largo plazo

La experiencia de Carapeguá en Desarrollo resultó altamente exitosa en cuanto a sus resultados en el corto plazo, habiéndose alcanzado objetivos concretos en forma sorprendente. Sin embargo, sería necesario investigar en forma complementaria si estos resultados van a ser conseguidos de igual manera en el futuro, y si esta articulación de los actores estratégicos va a permanecer efectiva en el largo plazo. En otras palabras, habrá que analizar si la creación de valor público y el incremento de la productividad se mantienen constantes a través del tiempo.

El objetivo de corto plazo del Proyecto Carapeguá en Desarrollo de gestionar los procesos en forma adecuada y de fortalecer el capital social local para catalizar una estrategia de creación de valor público a nivel local, ha avanzado en forma acelerada y exitosamente. Pero este objetivo, es sólo un instrumental para el objetivo de mejorar sustantivamente las condiciones de vida de la población pobre en el municipio a largo plazo. Algunos aspectos que deberían analizarse en el futuro para determinar la continuidad del proyecto, son los siguientes:

- ¿Es posible mantener un equipo técnico adecuadamente formado, y fortalecer su organización para lograr articular los esfuerzos de la comunidad?
- ¿Es posible institucionalizar el apoyo financiero a los proyectos elaborados, por parte de la municipalidad, de

la gobernación, de los ministerios del gobierno central y de la cooperación internacional?

- ¿Se puede sostener el apoyo de los actores clave, a pesar de las diferencias políticas y de los enfrentamientos electorales?

En parte, el análisis de los indicadores de resultados esperados a mediano y largo plazo referidos a la mejora en las condiciones de vida de la población de Carapeguá consistentes con la agenda mundial de desarrollo especificado en el Anexo II, podrá responder a algunas de las preguntas aquí planteadas.

2. Experiencias similares en otras localizaciones geográficas
Este estudio se ha focalizado en el análisis de una experiencia concreta, sin pretender generalizar las conclusiones más allá de los límites a los que la investigación empírica se ha circunscrito. Para confirmar los resultados de este trabajo, quizá fuera conveniente realizar la misma investigación en otras áreas geográficas, de manera de establecer la posibilidad de encontrar casos similares en otros contextos. Una vez más, hasta tanto una investigación más profunda no se realice de otras experiencias, no será posible extrapolar los resultados al universo; hacerlo, sería un exceso de ambición que este trabajo no propone.

Por otro lado, el caso de Carapeguá, en cierta manera, puede ser tomado como un experimento de laboratorio, en el que el Instituto Desarrollo de Capacitación y Estudios de Paraguay tuvo un rol clave como facilitador y propulsor del cambio por procesos. Quizá fuera interesante (aunque esto sería más complicado, claro está), replicar la experiencia piloto en otros municipios de contextos disímiles. Esto ya fue intentado a nivel local en Argentina, aunque no fue posible poner en práctica la idea debido a las resistencias planteadas por el gobierno municipal en donde se propuso la idea[24]. La pregunta que se plantea

---

24 El autor de este documento planteó el proyecto en dos municipios de

en este apartado es: ¿es posible obtener resultados similares a los de Carapeguá en otros contextos, con otra realidad?

3. Procesos eficientes versus procesos perversos

Diversos autores coinciden en señalar la validez de la gestión por procesos aplicada al sector público y, de hecho, el Estado gestiona por procesos la mayoría de sus actividades. Aún la denominada "gestión por resultados" se realiza por procesos. Por lo tanto, dando por válido el argumento de que la gestión por procesos contribuye a crear valor público, quizá valdría la pena enfocar la discusión ya no sobre la validez de los procesos como herramienta, sino sobre la discusión entre procesos eficientes versus procesos perversos.

Es decir, que en base a lo planteado en el párrafo anterior, tal vez sería interesante plantearse las siguientes preguntas:

- ¿El fundamentalismo de los procesos lleva a la burocratización excesiva, planteándose así un esquema perverso más que virtuoso?
- ¿Dónde está el límite entre la orientación a procesos que ayudan a lograr resultados (procesos eficientes) y la orientación a procesos que burocratiza la gestión (procesos perversos)?
- ¿Procesos eficientes equivalen necesariamente a incrementar los resultados y a mejorar la productividad?

Estas preguntas podrían ser respondidas sin duda a través de investigaciones adicionales.

---

la Provincia de Córdoba y en una localidad de la Provincia de Corrientes, en Argentina, y los intendentes se mostraron reacios a someter la iniciativa al Poder Legislativo local, fundamentalmente debido a cuestiones políticas locales, provinciales y nacionales.

Bibliografía

BARZELAY, Michael, "Diseñando el proceso de cambio en las políticas de gerenciamiento público", Página de Tecnología para las Organizaciones Públicas (TOP), http://200.80.149.114/ecgp/FullText/000000/BARZELAY%20Michael%20-%20Disenando%20el%20proceso%20de%20cambio.pdf, 2001.

CHAMPY, James y HAMMER, Michael, "Reengineering the Corporation A Manifesto for Business Revolution", Nueva York, Collins Business, 2004.

DAVENPORT, T., "Innovación de Procesos"; Madrid, Díaz de Santos, 1996.

DEMING, W. E., "Calidad, productividad y competitividad", Madrid, Díaz de Santos, 1989.

DOREE ROSEN, Ellen, "Improving Public Sector Productivity: Concepts and Practice", Thousand Oaks, Sage, 1993.

FAYOL, Henri, "Administración Industrial y General", Barcelona, Orbis, 1987.

FERRARO, Gladys, "La servucción: una herramienta para la gestión", Página de la Universidad Nacional del Nordeste, Argentina, http://eco.unne.edu.ar/contabilidad/costos/iapuco/trabajo25_iapuco., 2004.

HALAMACHI, Ariel y BOVAIRD, T. "Process reengineering in the public sector: learning some private sector lessons", Birmingham, Public Sector Management Research Centre, Aston University, 1997.

HALAMACHI, Ariel y HOLZ, Marc, "Strategic Issues in Public Sector Productivity Capital Initiative", Working Paper 24, Washington DC , Banco Mundial, 1988.

HARRINGTON, H. J., "Mejoramiento de los procesos de la empresa", México, McGraw Hill, 1992.

HINTZE, Jorge, "Control y evaluación de gestión y resultados", Página de Tecnología para las Organizaciones Públicas (TOP), http://200.80.149.114/ecgp/FullText/000000/35.pdf, 2001.

HINTZE, Jorge, "Evaluación de resultados, efectos e impactos de valor público", Página de Tecnología para las Organizaciones Públicas (TOP), http://www.top.org.ar/documentos/ HINTZE%20Jorge%20-%20Evaluacion%20de%20resultados%20efectos%20e%20impactos%20de%20valor%20publico.pdf, 2001.

HINTZE, Jorge, "Gestión por procesos y resultados en el aparato estatal: una cuestión abierta", Ponencia presentada en el Segundo Congreso Argentino de Administración Pública, Sociedad, Gobierno y Administración Pública, http://www. aaeap.org.ar/ponencias/congreso2/Hintze_Jorge.pdf, 2003

HINTZE, Jorge, "Instrumentos de evaluación de la gestión del valor público", Página del Ministerio de Hacienda de Costa Rica, http://www.hacienda.go.cr/centro/datos/Articulo/Instrumentos%20de%20evalucion%20de%20la%20gestion%20del%20valor%20p%C3%BAblico.pdf , 2002.

HINTZE, Jorge, "La gestión presupuestaria de estructuras: un instrumento para la gestión por resultados", Revista Reforma y Democracia, Caracas, N° 17, 2001.

INSTITUTO ARGENTINO DE NORMALIZACIÓN Y CERTIFICACIÓN (IRAM), "Norma IRAM ISO 9000 - Sistemas de gestión de calidad – Fundamentos y vocabulario", Buenos Aires, 2001.

KLIKSBERG, Bernardo, "El Capital Social", Caracas, Panapo, 2001.

MEDINA GIOPP, Alejandro, "Gestión por procesos y creación de valor: un enfoque analítico", Santo Domingo, Instituto Tecnológico de Santo Domingo, 2005.

MOLINAS, José, "Innovaciones en la Política Social: El Papel de Capital Social", Asunción, Instituto Desarrollo de Capacitación y Estudios, 2002.

MOLINAS, José y MARTÍNEZ, Bruno O., "Capital Social, Metas del Milenio y desarrollo local- El Caso de la Iniciativa de Carapeguá en Desarrollo", Asunción, Instituto Desarrollo, 2003.

MOORE, Mark H., "Public Value as the Focus of Strategy", Australian Journal of Public Administration, Brisbane, 53 (3), pp. 296-303, 1994.

MOORE, Mark H., "Gestión estratégica y creación de valor en el sector público", Barcelona, 1998.

NASCIMENTO RODRIGUES, Jorge, Strategy and Structure Redux. Business Strategy Review, Vol. 13, pp. 20-27, 2002.

OSPINA BOZZI, Sonia, "Evaluación de la gestión pública: conceptos y aplicaciones en el caso latinoamericano", Revista Reforma y Democracia, Caracas, Num. 19, 2001.

OSZLAK, Oscar "De menor a mejor: el desafío de la ′segunda′ reforma del Estado", Página de la Revista Nueva Sociedad, http://www.preac.unicamp.br/arquivo/materiais/OSZLAK-menorymayor.pdf, 1999.

PASQUERO, J., "Stakeholder theory as a constructivist paradigm", 7th annual conference of the International Association for Business and Society, Nueva York, 1996.

PRATS I CATALA, Joan, "Del clientelismo al mérito en el empleo público. Análisis de un cambio institucional", Barcelona, Instituto internacional de Gobernabilidad, 2000.

PRATS I CATALA, Joan, "Diagnóstico Institucional de la República del Paraguay", Barcelona, Instituto Internacional de Gobernabilidad, 2002.

PROGRAMA DE LAS NACIONES UNIDAS PARA EL DESARROLLO, "Informe Nacional sobre Desarrollo Humano", Asunción, PNUD, 2003.

RICHARDS, Sue, "El paradigma del cliente en la Gestión Pública", Gestión y análisis de Políticas Públicas, Madrid, Num. 1, 1994.

SMITH, Elizabeth A., "Manual de Productividad: Métodos y actividades para involucrar a empleados en el mejoramiento de la productividad", Buenos Aires, Macchi, 1993.

TAYLOR, Frederick, "Principios de la administración científica", Buenos Aires, El Ateneo, 1911.

Índice

Editorial LibrosEnRed

LibrosEnRed es la Editorial Digital más completa en idioma español. Desde junio de 2000 trabajamos en la edición y venta de libros digitales e impresos bajo demanda.

Nuestra misión es facilitar a todos los autores la **edición** de sus obras y ofrecer a los lectores acceso rápido y económico a libros de todo tipo.

Editamos novelas, cuentos, poesías, tesis, investigaciones, manuales, monografías y toda variedad de contenidos. Brindamos la posibilidad de **comercializar** las obras desde Internet para millones de potenciales lectores. De este modo, intentamos fortalecer la difusión de los autores que escriben en español.

Nuestro sistema de atribución de regalías permite que los autores **obtengan una ganancia 300% o 400% mayor** a la que reciben en el circuito tradicional.

Ingrese a www.librosenred.com y conozca nuestro catálogo, compuesto por cientos de títulos clásicos y de autores contemporáneos.